Gärtnern *nach den* 10 Jahreszeiten *der Natur*

BERNHARD MICHELS
Gärtnern nach den
10 Jahreszeiten
der Natur
Was draußen passiert und was man dann tun muss

Was Sie in diesem Buch finden

Einführung

Die Hauptjahreszeiten Frühling, Sommer, Herbst und Winter sind uns als solche wohl recht geläufig, doch der Beginn einer jeden Jahreszeit kann je nach Betrachtungsweise mal so und mal so interpretiert werden. Es gibt den allgemeinen kalendarischen oder astronomischen Jahreszeitenanfang, den meteorologischen Beginn der Jahreszeiten und den Kalender, den uns die Natur selbst vorgibt. Das Kalenderjahr ist ein immerwährender Kreislauf der Jahreszeiten und scheint nach starr festgelegten Daten zu verlaufen.

Die Jahreszeiten

In unseren Breiten ist das Jahr, bedingt durch den Sonnenstand, in vier Quartale eingeteilt, doch kein Jahr gleicht dem anderen. Und trotzdem zieht es uns bei den ersten warmen Sonnenstrahlen im Frühling hinaus in den Garten. Doch dann der Rückschlag – eine unverhoffte Kaltfront zieht über das Land. Unverhofft? Am 21. März ist zwar der offizielle kalendarische Frühlingsanfang, deshalb muss es aber noch lange nicht Frühling sein. An ein und dem gleichen Ort ist von Jahr zu Jahr bis zu sechs Wochen Verschiebung zwischen den Vegetationszuständen möglich. Die klimatischen Verhältnisse und der Witterungsverlauf sind zusätzlich von Ort zu Ort unterschiedlich. Hoch gelegene, raue Regionen werden erst viel später in den Genuss lauer Frühlingswitterung kommen als mildere Klimalagen. Aus diesen Gründen kann es verhängnisvolle Folgen haben, wenn man sich z. B. nur nach den Aussaatzeiten richtet, die auf den Samenpackungen stehen, ohne dabei den tatsächlichen Stand der Natur zu berücksichtigen.

Die Phänologie

Diese Wissenschaft, die sich mit den jährlich immer wiederkehrenden periodischen Wachstums- und Entwicklungserscheinungen in der Natur beschäftigt, nennt sich Phänologie. Das Wort »Phänologie« stammt aus dem Griechischen und heißt übersetzt »die Lehre von den Erscheinungen«. Sie wird als eine Teilwissenschaft der Biologie verstanden, die den zeitlichen Ablauf der Lebenserscheinungen im Jahreslauf – Blüte, Reife, Laubverfärbung, Blattfall, Winterruhe, Wanderzug der Vögel, Brunft- oder Ranzzeiten usw. – vornehmlich an Pflanzen, aber auch an Tieren erforscht, die allesamt verbreitet und bekannt sind, oft sogar vor der eigenen Haustüre vorkommen. Die jeweiligen Entwicklungsstadien sind so markant, dass selbst Menschen mit einem geringen Zugang zur Natur diese nicht übersehen können.

Der Kalender der Natur

Sehr viel zuverlässiger als der uns vertraute starre Kalender mit seinen vier Jahreszeiten in den 12 Monaten ist der Kalender der Natur. Er wird »phänologischer Kalender« genannt. Dieser folgt zwar auch den Hauptjahreszeiten Frühling, Sommer, Herbst und Winter, ist aber zusätzlich untergliedert in die Vegetationsphasen Vorfrühling, Erstfrühling, Vollfrühling, Frühsommer, Hochsommer, Spätsommer, Frühherbst, Vollherbst, Spätherbst und Winter. In unseren Bemühungen, gärtnerisch wie landwirtschaftlich erfolgreich und genauer zu arbeiten, bietet sich also der phänologische Kalender mit seinen zehn Jahreszeiten geradezu an. Er ist der wahre Kalender der Natur.

1 Ein Baum, vier Jahreszeiten. Für uns alle ist das schon ein symbolischer Anblick.

2 Üppiges Grün: Der Sommer ist die Hauptzeit des Wachstums.

3 Kennzeichnend für den Herbst sind die Blattverfärbung und das Reifen der Früchte.

4 Der winterliche Schnee verwandelt den Baum in eine märchenhafte Gestalt.

Wenn man mit offenen Augen durch die Natur geht, liefern uns bestimmte Entwicklungsstadien von Pflanzen und auch Verhaltensweisen in der Tierwelt recht genaue Hinweise auf die örtliche Natur-, Wetter- und Klimaentwicklung. Und weil das so ist, hat sich daraus eine Wissenschaft entwickelt, die auch von jedem genutzt werden kann. Mehr noch, jeder, der mit geschärftem Blick durch Garten, Feld und Natur geht, kann aktiv durch eigene Beobachtungen einiges zu dieser Wissenschaft beitragen.

Phänologie als Volkswissenschaft

Beim Deutschen Wetterdienst gibt es etwa 1350 ehrenamtlich tätige phänologische Beobachter und landesweit mittlerweile so viele interessierte Menschen, dass sich die Phänologie durchaus als Volkswissenschaft etablieren könnte. Voraussetzungen sind jedoch ein Beobachtungsleitfaden und klare Richtlinien, die nicht nur landesweit, sondern über die Grenzen hinaus gelten. Dieses Buch soll daher für alle als Einstieg in die Thematik dienen, die sich mit der Phänologie, also dem Naturkalender der zehn Jahreszeiten, und den Pflanzen- und Entwicklungsphasen der Kennpflanzen vertraut machen wollen. Vor allem soll dieses Buch dazu beitragen, durch phänologisches Wissen einen Vorteil gegenüber der konventionellen Garten- und Feldarbeit zu erlangen! Jedem Interessierten wird ein Instrument an die Hand gegeben, mit dem er die Möglichkeit hat, durch kontinuierliche Dokumentation phänologischer Daten den Wandlungsprozess des Klimas vor der eigenen Haustüre zu erkennen und zu verfolgen. Durch die Phänologie ist man hautnah dabei.

Den größten Nutzen von phänologischen Daten hat die Landwirtschaft. Beispiele sind: Bestimmung von Erntezeiten, Pflanzenschutztermine und Sortenwahl.

Praktische Aspekte der Phänologie

Unser Erleben der Natur ist in einem größeren Umfang vom Zyklus der Jahreszeiten und damit vom Naturkalender abhängig, als wir uns das eingestehen. Die von professionellen amtlichen Phänologen jährlich immer wieder neu zusammengetragenen Daten sind bezüglich ihrer hohen praktischen Relevanz für immer mehr Menschen von zunehmendem Interesse. Diese Daten nutzen Agrarklimatologen genauso wie Mitarbeiter der Warn- und Beratungsdienste für die Landwirtschaft, im Pflanzenschutz und auch Pflanzenzüchter.
Sie dienen auch der Abschätzung voraussichtlicher Erntetermine und Ernteerträge sowie der Ursachenforschung neuartiger Waldschäden und der Klimaveränderung.
Auch Medien und Reiseunternehmen haben ein großes Interesse an professionellen phänologischen Prognosen, z. B. in Bezug auf die Obst- und Heideblüte oder die herbstliche Blattfärbung der Wälder. Ja selbst unsere Freizeitplanung richten wir z. B. nach der Blütezeit der Kirsche, des Rapses oder später an der Heideblüte aus, um diese Naturereignisse gebührend zu genießen.
In der Medizin und Gesundheitsfürsorge ist die Vorhersage der Blütezeit von Pflanzen mit allergieauslösenden Pollen von großer Bedeutung, um Allergikern die Möglichkeit zu geben, rechtzeitig Schutzmaßnahmen zu ergreifen.

Der Naturkalender im Hausgarten

Bei so viel Praxisnutzen kann man es nur als logisch angesehen werden, dass sich Garten-

Vielfältige Anwendungsmöglichkeiten

Ein Bereich, in dem seit je Phänologie praktiziert wurde, ist die Landwirtschaft. Dabei waren und sind die verfügbaren Daten zur jeweiligen Vegetationsperiode von großer, ja sogar von existenzieller Bedeutung. Sie geben Auskunft darüber, welche Pflanzen wann am besten gedeihen und welche für eine lohnende Kultivierung ungeeignet sind. Selbst die Auswahl von Rasensorten ist ohne die genaue Beachtung des korrekten phänologischen Zeitpunkts nicht durchführbar. Auch Imker führen ihre Bienenvölker nach den natürlichen Jahreszeiten. Ohne exaktes Wissen um die Entwicklungsphasen der Trachtpflanzen ist die Imkerei fast undenkbar.

Das Schneeglöckchen fehlt in keinem Garten. Die Blüte zeigt des Winters Ende an.

besitzer/innen bei der Gartenarbeit an neue Termine gewöhnen sollten – Saat-, Pflanz- oder Erntetermine, die der phänologische Kalender durch regionale Klima- und Jahresunterschiede vorgibt. Er richtet sich wie schon gesagt nach jährlich wiederkehrenden Erscheinungen, sogenannten Phänophasen in der Natur vor Ort. Der Takt wird von der Pflanzenwelt selbst vorgegeben. Durch den Klimawandel sind viele traditionelle Termine für die Gartenarbeit eh schon bedeutungslos geworden. Die Vegetationszeit bzw. das Gartenjahr hat sich insgesamt verlängert. Beispielsweise haben sich die idealen Pflanzzeiten für Gehölze vielerorts von März auf Mitte Februar verschoben.
Den Startschuss für das Gärtnern nach phänologischen Kriterien gibt die Blüte des Schneeglöckchens an, und die hat sich in den letzten 30 Jahren durchschnittlich um ca. 12 Tage verfrüht.

Gärtnern nach dem Eintritt bestimmter Pflanzenphasen führt zu mehr Erfolg im Garten.

Pflanzen als Indikatoren

Pflanzen reagieren äußerst empfindsam auf Umweltbedingungen in ihrer unmittelbaren Umgebung. Daher eignen sie sich hervorragend als Indikatoren für Witterungs- und Klimaverhältnisse. Durch die allgemeine Klimaerwärmung und die dadurch bedingte Vegetationszeitverlängerung gewinnen Gartenbau und Landwirtschaft einen erweiterten Spielraum hinsichtlich von Anbaugebieten, Sortenwahl, Fruchtfolge und dem Zwischenfruchtanbau. Hier kommt der Phänologie jetzt und besonders in der Zukunft eine besondere Bedeutung zu.

Zusammenhänge erkennen

Tausende von Garten- und Naturliebhabern notieren täglich oder in regelmäßigen Abständen ihre Arbeiten und Beobachtungen im Garten und in der Landwirtschaft auf. Sie verfolgen die Wetterentwicklung sowie andere Naturphänomene. Unterlegt man diese Beobachtungen durch phänologische Aspekte wie den Beginn der Schneeglöckchen- oder Apfelblüte, das Erscheinen erster Bienen und Ameisen, die Reife der Roten Johannisbeere oder des Getreides oder die Blattverfärbung der Eberesche, vorzugsweise über viele Jahre, ergeben sich daraus zahlreiche nutzbare Hinweise wie etwa Gesetzmäßigkeiten im periodischen Wachstumsverlauf. Zusammenhänge zwischen natürlichen Rhythmen und Umwelteinflüssen, z. B. durch Witterungs- und Klimaverhältnisse, werden so bis vor der eigenen Haustür nachvollziehbar.

Die Eberesche zeigt mit fünf Entwicklungsphasen vier phänologische Jahreszeiten an:

1 Der Austrieb beginnt zu Anfang des Erstfrühlings.

2 Die Blattentfaltung steht für die letzten Tage dieser Jahreszeit.

3 In der Mitte des Vollfrühlings zeigen sich die Blüten.

4 Die Fruchtreife der Eberesche zeigt den Spätsommer an.

5 Das verfärbte Laub fällt im Spätherbst.

Die Pflanzenphasen und deren Beobachtung

Der Eintritt in die einzelnen Entwicklungsstadien einer Pflanze wie Blüte, Fruchtbildung etc. kann sich bei unterschiedlichen Pflanzen der gleichen Art über einen bestimmten Zeitraum erstrecken. Doch auch bei ein und derselben Pflanze schreitet eine Entwicklungsphase nicht immer mit derselben Geschwindigkeit voran. Hier spielt das Wetter eine entscheidende Rolle. So kann eine Abkühlung durch polare Luftmassen bei Pflanzen Stockungen oder sogar einen kurzfristigen Wachstumsstillstand hervorrufen. Ganz anders reagiert die Pflanzenwelt auf feuchtwarme oder schwüle Witterung, sie vermag eine Phase förmlich rekordverdächtig schnell fortschreiten zu lassen. Am deutlichsten spürbar ist der Witterungseinfluss im Erst- und Vollfrühling. Kühle Witterung lässt z. B. die Obstblüte nur sehr gemächlich voranschreiten. Erst nach und nach wagen sich die empfindlichen Blüten ans Licht. Warme Luftmassen lassen die Natur jedoch förmlich explodieren. Quasi von einem Tag auf den anderen wechseln sich die Pflanzenphasen ab – kaum erfreut man sich an der Vollblüte, ist sie auch schon vorbei. In der Phänologie ist es wichtig, den genauen Zeitpunkt und den tatsächlichen Beginn einer Phase möglichst genau zu erfassen. Das setzt aber voraus, dass die einzelnen Phasenmerkmale eindeutig festgelegt sind. Daher kann man auf einige wichtige Definitionen und Beobachtungsrichtlinien auch in der Phänologie nicht verzichten, um vergleichbare Daten zu erhalten.

Begriffsbestimmung

Die Vegetationszeit beginnt mit der vegetativen Phase des Knospenaustriebs und endet mit dem Blattfall zumeist im Spätherbst. Dazwischen verlaufen die generativen Phasen von der Blüte bis zur Fruchtreife. Bei der Beobachtung der einzelnen Pflanzenphasen, die bei den sogenannten Leitpflanzen auch die jeweilige Jahreszeit eröffnen oder beschließen, ist es von entscheidender Bedeutung, dass die Pflanzen an typischen Standorten beobachtet werden, also z. B. Waldbäume im Waldinneren, Wiesengräser inmitten der Wiese, landwirtschaftliche Kulturpflanzen auf dem Feld oder Obstbäume im Garten. Außerdem werden immer die gleichen Pflanzen an gleichen Standorten zur Beobachtung herangezogen.

Beobachtungsrichtlinien

Wie wichtig es ist, sich bei phänologischen Beobachtungen an einheitliche Richtlinien zu halten, zeigen die Bemühungen in Bezug auf die Vereinheitlichung und Standardisierung europäischer Beobachtungsnetze. Bei der Erhebung der Daten wächst die Aussagekraft mit der Anzahl der Beobachtungen. Je mehr naturbegeisterte Beobachter nach einem einheitlichen Prinzip ihre Daten erfassen und weiterleiten, desto aussagekräftiger wird das Ergebnis. In einigen Ländern wie England, Österreich und der Schweiz gibt es diesbezüglich vorbildliche Bemühungen, den Entwicklungsstand der Vegetation, wie z. B. den Beginn der Apfelblüte (Vollfrühlingsbeginn), von einer breiteren Masse der Bevölkerung via Internet übermittelt zu bekommen. Der hierfür bevorzugte Personenkreis ist meist in Berufen tätig, die sie als Pflanzenbeobachter prädestinieren, z. B. Landwirt, Winzer, Förster, Gärtner oder Lehrer. Doch es gibt auch eine Vielzahl von Naturliebhabern, die ebenfalls ein wachsendes Interesse am Natur- und somit Umweltgeschehen haben und ihre Beobachtungen gerne melden würden. Daher ist es wichtig, einheitliche Richtlinien und Kriterien für phänologische Beobachtungen zu haben. Dieses Buch folgt deshalb den Richtlinien des DWD (Deutscher Wetterdienst) und der ZAMG (Zentralanstalt für Meteorologie und Geodynamik in Wien).

Die Blüte des Schwarzen Holunders ist die typische Leitphase des Frühsommers.

Wenn die prallen Fruchtstände am Schwarzen Holunder hängen, ist der Frühherbst gekommen.

Die phänologische Phase

Die Entwicklung in der Natur steht in engem Zusammenhang mit Umweltfaktoren wie den Lichtverhältnissen und insbesondere dem Temperaturverlauf. Sie ist keinesfalls von einem bestimmten Kalenderdatum abhängig. Sobald die Luft- und Bodentemperaturen einen bestimmten Grenzwert überschritten haben, treiben die jeweiligen Pflanzen wie von Geisterhand gesteuert aus. Nehmen die Licht- und die Strahlungsintensität wieder ab

Grundlagen der Datenerhebung

- Eine exakte Bestimmung ist für eine Vergleichbarkeit der Daten sehr wichtig. Beim Obst sollte auf die Sorteneigenschaften wie früh- und spätblühend oder früh- und spätreifend geachtet werden. Die Blüte verschiedener Obstsorten liegt bis zu zwei Wochen auseinander, die Reife der Obstfrüchte allerdings bis zu mehr als drei Monate.
- Die Beobachtungen sollten immer an den gleichen Kennpflanzen vorgenommen werden und im gleichen Beobachtungsgebiet stattfinden.
- Die zu beobachtenden Pflanzen sollten möglichst frei stehen, nicht an einer Hauswand, in einem Innenhof oder einem Gewächshaus, nicht unmittelbar an einer Straße oder im Schattenbereich von Hochhäusern und nicht im Wald oder an Waldrändern. Bei Pflanzen im eigenen Garten sollten die natürlichen Witterungseinflüsse ungehindert an freien, gut belüfteten Stellen auf die Pflanzen einwirken können.
- Der Wuchsort sollte relativ eben sein und nicht in Mulden liegen. Hier besteht immer die Gefahr, dass sich Kaltluft ansammelt.
- Jede phänologische Jahreszeit wird durch sogenannte Leitphasen definiert und durch eine jahreszeitenspezifische Phase wie die Blüte eröffnet. Jede phänologische Jahreszeit endet wiederum mit dem Beginn der Phase der nächsten phänologischen Jahreszeit.

und herrscht zwischen den Tages- und Nachttemperaturen ein bestimmter Unterschied, bereitet sich die Natur wieder auf den Winter vor. Die Pflanzen werfen dann z. B. ihre Blätter ab oder ziehen wieder ein.
Diese Phänomene werden durch ausgewählte Kenn- oder Signalpflanzen in den spezifischen Entwicklungsstadien ihrer Blätter, Blüten oder der Fruchtreife angezeigt. Die Gesetzmäßigkeiten des Pflanzenwachstums und die Abhängigkeit dieser wiederkehrenden Entwicklung von den Umweltbedingungen, besonders von Klima und Witterung, können somit genau erkannt und untersucht werden. Hierzu erfasst und notiert man die auffälligen Entwicklungsstadien, deren Beginn sich auf einen bestimmten Tag festlegen lassen. Eine solche hervorstechende Wachstumsstufe wird phänologische Phase genannt.
Stellen wir diese Einzelbeobachtungen in eine Reihe, entsteht ein ortsspezifischer Naturkalender – der phänologische Kalender. Notieren wir über Jahre hinweg immer dieselben Beobachtungen im Rahmen dieses Naturkalenders, so erhalten wir ein Spiegelbild unseres Klimas.
Anwendungsmöglichkeiten für die Daten gibt es genug, z. B. für Pflanzenschutz, Sortenwahl, Abschätzung von Ernteterminen und Saatweiten.

Die zehn natürlichen Jahreszeiten

In der Phänologie werden Beginn und Ende der Jahreszeiten nach sehr feinen Merkmalen unterschieden. Der Naturkalender kennt zehn Vegetationsphasen, die durch typische Signalpflanzen in einer sogenannten Leitphase angezeigt bzw. eröffnet werden. Jede phänologische Vegetationsphase endet wiederum mit dem Beginn der nächsten phänologischen Jahreszeit. Gegenstand dieser Beobachtungen sind immer die Eintrittszeiten wichtiger Lebenserscheinungen bei verbreiteten und bekannten Pflanzen wie z. B. der Aufbruch der Knospen, volle Laubentfaltung, Blüte, Reife, Laubverfärbung, Blattfall und Winterruhe.

Signalpflanzen und Witterungsverlauf

In der Tabelle auf den Seiten 18/19 finden sich die phänologisch relevanten Wachstumsphasen während der zehn Jahreszeiten in Verbindung mit den dazugehörigen Signal- oder Kennpflanzen aus Natur, Landwirtschaft und Obstgarten. Die Tabellendaten basieren auf langjährigen Mittelwerten und geben den zeitlichen Verlauf der Phasen wieder. Es muss jedoch beachtet werden, dass sich von Jahr zu Jahr und von Ort zu Ort natürliche Abweichungen von diesen Mittelwerten ergeben können. Mehrere Tage bis Wochen sind da je nach Witterung durchaus normal. Besonders im Frühjahr merkt man, dass der Startschuss der Natur sehr vom jeweiligen Witterungseinfluss abhängig ist. Hier finden sich die größten Abweichungen von der Norm; dies setzt sich in den nachfolgenden Jahreszeiten fast genauso fort, wie sich das Wetter bis in die Herbstmonate stabilisiert.

So ist es auch nicht zwingend, dass z. B. die Rotbuche vor der Stiel-Eiche austreibt oder der Hafer vor dem Weizen geerntet wird. Je nach Witterungsverhältnissen können sich die Phasen auch genau umgekehrt entwickeln. Dies ist wieder ein Hinweis darauf, wie die Natur auf wechselnde Umweltbedingungen reagiert und uns die Möglichkeit gibt, dieses an bestimmten Kennpflanzen festzustellen, um im Garten und Feld die bestmöglichen Erfolge zu erzielen.

Die Stiele einer Tulpe wachsen bei hohen Temperaturen schneller als bei Kälte.

Der Naturkalender

Jahreszeit	Beginn der Phase	Leitphase (Anfang)	Ersatzphase (Anfang)	Ende der Phase
Vorfrühling	Zwischen Januar bis Ende März	Hasel – Beginn der Blüte	Schneeglöckchen – Beginn der Blüte	Stachelbeere – Austrieb
Erstfrühling	Zwischen Ende März bis Ende April	Forsythie – Beginn der Blüte	Stachelbeere – Beginn der Blattentfaltung	Rotbuche – Blattentfaltung; Kirsche und Birne – Beginn der Blüte
Vollfrühling	Zwischen Ende April bis Ende Mai	Apfel – Beginn der Blüte	Stiel-Eiche – Beginn der Blattentfaltung	Wiesen-Fuchsschwanz – schwanz – Beginn der Blüte; Himbeere – Blüte
Frühsommer	Zwischen Ende Mai bis Mitte Juni	Schwarzer Holunder – Beginn der Blüte		Frühe Süßkirsche und Erdbeeren – erste reife Früchte
Hochsommer	Zwischen Mitte Juni bis Anfang August	Sommerlinde – Beginn der Blüte	Johannisbeere – Beginn der Pflückreife	Süßkirschen – Pflückreife
Spätsommer	Zwischen Anfang August bis Ende August	Apfel, früh reifend – Beginn der Pflückreife	Eberesche – volle Ausfärbung der Früchte	Winterweizen- und Haferernte; Herbstzeitlose – Blüte
Frühherbst	Zwischen Ende August bis Mitte/ Ende September	Schwarzer Holunder – erste reife Früchte		Rosskastanie – Fruchtreife
Vollherbst	Zwischen Mitte September bis Mitte Oktober	Stiel-Eiche – erste reife Früchte	Rosskastanie – erste reife Früchte	Stiel-Eiche – Blattverfärbung
Spätherbst	Zwischen Mitte Oktober bis Anfang November	Stiel-Eiche – Blattverfärbung	Rosskastanie – Blattverfärbung	Rotbuche und Stiel-Eiche – Blattfall; Winterweizen – Auflaufen

Der Naturkalender

Jahreszeit	Dauer der Phase	Leitphase (Anfang)	Ersatzphase (Anfang)	Ende der Phase
Winterruhe	Zwischen Anfang November bis Mitte Februar, im Hochgebirge zwischen Ende September bis Anfang Mai	Winterweizen – Beginn des Auflaufens	Apfel, spätreifend und Stiel-Eiche – Blattfall sowie Europäische Lärche – Nadelfall	Schneeglöckchen – Blüte

Zeigerpflanzen im eigenen Garten

Wächst im eigenen Garten z. B. ein Rhododendron, eine Zierkirsche, ein Ginster oder eine Zaubernuss, so ist es natürlich sinnvoll, die entsprechenden Daten der sichtbaren phänologischen Phasen wie Blattentfaltung, Beginn der Blüte, Vollblüte und Ende der Blüte, die Fruchtreife oder Herbstverfärbung für sich zu notieren. Im Laufe der Jahre erhält man anhand dieser Daten eindeutige ortsbezogene Hinweise zu den Eintrittszeiten und auch Veränderungen der natürlichen Jahreszeiten. Hat man erst einmal 10 oder gar 20 Jahre lang Daten gesammelt, und das geht schneller, als man glaubt, so kann man nicht nur stolz auf seine Datensammlung sein, sondern auch eine etwaige lokale Klimaveränderung anhand eigener Aufzeichnungen bezüglich der einzelnen Eintrittszeichen gut erkennen und dokumentieren.
Experimentiert man zusätzlich im Garten mit den Zeitpunkten für Aussaat oder Pflegearbeiten an bestimmten Pflanzen, dann kann man ganz nach seinen Bedürfnissen einen eigenen Naturkalender erstellen. Richtet man sich eher nach den »offiziellen« phänologischen Pflanzen und deren Phasen, so hat man sogar die Möglichkeit des Datenvergleichs, und zwar örtlich nicht festgelegt auch mit den benachbarten Ländern.

Blühender Schnittlauch kann im eigenen Garten als individuelle Zeigerpflanze dienen.

Offizielle Beobachtungsprogramme

Die Beobachtungsprogramme des phänologischen Dienstes sind im Laufe der Zeit mehrmals abgeändert worden. Sie haben sich im Lauf der Zeit den jeweiligen Wünschen und Anforderungen der Zeit angepasst. Die Beobachtungsphasen der alten und neuen Programme ähneln sich jedoch im Wesentlichen. Das aktuelle Programm (seit 1991) der phänologischen Beobachter enthält 30 Wildpflanzen mit 58 Phasen, neun landwirtschaftliche Kulturen mit 58 Phasen und sechs Obstarten mit 31 Phasen. Die in den jeweiligen Jahreszeiten zugehörigen Tabellen beinhalten die Beobachtungsprogramme der Jahre 1936 bis 1944, 1951 bis 1990 und 1991 bis heute.

Experimentieren Sie mal ein wenig mit eigenen phänologischen Pflanzenphasen. Es sind im eigenen Garten keine Grenzen gesetzt. Was sollte uns beispielsweise davon abhalten, unser beliebtestes Gartenkraut, den Schnittlauch, zur Blüte kommen zu lassen. Sie erfreut nicht nur Bienen und Hummeln, sondern schmeckt sogar im Salat. Zur experimentellen Beobachtung kann uns der Austrieb im Vorfrühling oder die Blüte im Erstfrühling dienen. Probieren Sie zeitgleiche Gartenarbeiten zu Beginn dieser Phasen über einige Jahre ruhig einmal aus. Hier gibt es keine Grenzen, vieles ist möglich. Das kann die Aussaat einer kleinen »Probereihe« Spinat oder das Setzen von Steckzwiebeln sein. So erlebt man die Gartenarbeit stets voller Erwartung, Spannung und Kreativität, aber auch Hoffnung. Eintönige Gartenarbeit oder gar Langeweile kann so zum Fremdwort werden.

Die Zaubernuss ist ein schöner Winterblüher und zugleich eine nützliche Zeigerpflanze. Blüht sie extrem früh (Ende Dezember/Anfang Januar), folgt ein milder, früher Erstfrühling.

Gärtnern nach dem phänologischen Kalender

Die Garten- und Nutzpflanzen sind vom phänologischen Jahresverlauf natürlich nicht ausgeschlossen. Sicherlich hat der Garten beim Haus ein gewisses schützendes Kleinklima, doch reagieren die Pflanzen hier genauso auf Witterungserscheinungen wie draußen in der Natur. Berücksichtigt man den Jahresablauf entsprechend der phänologischen Jahreszeiten, so erhält man eine optimale Auskunft über die Klimaverhältnisse jeder Region. Ganz gleich, ob der Winter hart oder mild war, das Frühjahr nass oder trocken, oder der Sommer früh oder spät begonnen hat. An den natürlichen, phänologischen Daten lassen sich die idealen Bedingungen der Vegetationsperiode ablesen. Die phänologischen Kennpflanzen sind deswegen gute Indikatoren, um die kleinklimatischen Bedingungen, den Fortschritt der Bodenerwärmung sowie die Bodenfeuchtigkeit festzustellen. Somit erhält man sehr wertvolle Hinweise über die Anbaumöglichkeiten für Kulturpflanzen, Obst und Wein.

Das Naturgarten-Prinzip

In der Mitte des 20. Jahrhunderts setzte sich die Idee des Naturgartens immer mehr durch. Man hatte erkannt, dass die verstärkte Anwendung von chemischen oder synthetischen Düngern und Pflanzenschutzmitteln sowie die starke Technisierung in der Landwirtschaft und in den Gärten zu gravierenden Eingriffen und Störungen für die Natur führen. Das Prinzip Naturgarten hielt in Millionen Gärten Einzug, obwohl anfangs das notwendige Wissen und Können in den Privatgärten fehlte. Jetzt, zu Beginn des 21. Jahrhunderts, beginnt sich eine alte Idee erneut durchzusetzen – das Arbeiten nach dem Naturkalender und nach den Zeichen der Natur. Egal ob in 1000 m Höhe oder auf Meeresniveau, egal ob der Winter lang und hart oder mild war. Die Zeichen der Natur geben uns den idealen Zeitraum an, in dem wir mit den Gartenarbeiten beginnen können oder wann was zu tun ist.

Wege zum Erfolg

Eigentlich ist es nach heutigen Erkenntnissen und der Entwicklung im Gartenfachbereich erstaunlich, dass auf den Saatgutpackungen immer noch Aussaattermine empfohlen werden, wie z. B. Aussaat März bis Mitte Mai, ab Mitte April oder Juni/August. Profis wissen,

Eigene Beobachtungen

Bewirtschaften Sie doch mal Ihren Garten oder Ihre Landwirtschaft nach dem »phänologischen Kalender«. Sie werden schnell feststellen, ob die örtlichen Witterungs- und Wachstumsbedingungen im Rahmen des Normalen liegen oder ob ein außerordentliches Jahr vorliegt.

Blühen die Apfelbäume oder sind die Eicheln reif, ist die beste Zeit für eine Raseneinsaat.

dass Saatgut eine ganz bestimmte Bodentemperatur zum Keimen braucht. Doch wonach sollen sich die Millionen Hobbygärtner richten? Warten – oder besser doch nicht warten? So sind gärtnerische Enttäuschungen vorprogrammiert. Was liegt also näher, als sich am Entwicklungsstand der Natur zu orientieren und durch phänologische Beobachtungen den gärtnerischen Erfolg zu sichern.

Historische Vordenker

Bereits im 14. Jahrhundert sagte der große Gelehrte Paracelsus, dass das Jahr die Frucht bringt und nicht die Erde. Auch die alten Griechen und Ägypter wussten, dass nicht nur die Tageslänge entscheidenden Einfluss auf die landwirtschaftliche Arbeit hat. Einen besonderen Einflussfaktor sahen sie schon damals im Jahreszeitenrhythmus der Witterung. Sie entwickelten aus genauen Naturbeobachtungen Prognosen über den weiteren Vegetationsfortschritt ihrer Kulturpflanzen. Es ist ihnen sicher schon damals gelungen, anhand ihrer Beobachtungen den besten Erntezeitpunkt zu ermitteln.

Von der Natur lernen

Die genaue und kontinuierliche Naturbeobachtung zum Erkennen bestimmter Eintrittszeiten im Naturkalender ist eine natürlich angepasste Methode, um in Garten und Landwirtschaft erfolgreich zu wirtschaften. Es sind ausgesuchte Kennpflanzen wie Schneeglöckchen, Löwenzahn, Apfel- oder Holunderblüte, oder die ersten reifen Kastanien, die einen ganz bestimmten und von Jahr zu Jahr zeitlich unterschiedlich auftretenden Naturzustand signalisieren. In den nachfolgenden Kapiteln über die Gartenarbeiten zu bestimmten Pflanzenphasen wurde zur Bestimmung derselben ausschließlich mit Pflanzen gearbeitet, obwohl ein phänologischer Kalender prinzipiell auch durch Beobachtung von Tieren geschrieben werden kann. Leitpflanzen zu beobachten ist jedoch viel einfacher. Sie laufen nicht weg, sind immer wieder am gleichen Ort und vor allem überall zu finden.

Raum für Experimente

Allein in Deutschland haben etwa 40 Millionen Menschen Zutritt zu einem Garten. Hier können sie in aller Ruhe Natur unmittelbar erleben. Der Drang zur Natur und zum naturnahen Gärtnern erfährt dabei wie gesagt in den letzten Jahren einen deutlichen Aufwärtstrend. Es ist auch nicht mehr nur die ältere Generation, die Interesse an der Gartenarbeit zeigt – immer mehr junge Familien haben den Wunsch, sich im eigenen Garten zu beweisen und dort zu ernten. Gleichzeitig steigt auch der Informationsbedarf. Hier kann die Phänologie gute Dienste leisten. Durch regelmäßiges und genaues Beobachten bekommt jeder schnell ein Gefühl für die natürlichen Abläufe. Mit der Zeit wird man vieles im Garten gefühlsmäßig durch die neu geschärften Sinne entscheiden und planen können. Die nachfolgenden Kapitel zum Thema »Gärtnern nach dem phänologischen Kalender« sind sicherlich noch nicht vollständig. Hier bietet sich noch ein weites Feld für das Experimentieren mit phänologischen Phasen. Dabei werden sicherlich genauso erstaunliche Zusammenhänge wie überraschende Ergebnisse zutage kommen. Außerdem macht es Spaß, die immer wiederkehrenden Zeichen der Natur erkennen zu lernen, die einem dann bald sehr vertraut sind. Deshalb: Achten Sie bei der Garten- und Feldarbeit auf die Signale der Natur!

Bauern-, Beobachtungs- und Erfahrungsregeln

Überlieferungen aus alter Zeit, die zumeist in unveränderter Form auch heute noch weitergegeben werden, sind seit Generationen fest mit dem Garten, der Landwirtschaft und dem Wetter verbunden. Das Bemühen war, den Wechsel der Witterung mit anderen Erscheinungen am Himmel, in der Luft, an Tieren und Pflanzen in Einklang zu bringen. Die Beobachtungen daraus führten zu den Bauernregeln. Fast alle Bauern-, Beobachtungs- und Erfahrungsregeln muten zwar nach Acker, Luft, Land und Wald an, aber hier spielen auch präzise Naturbeobachtungen, astrologische Hypothesen und Zahlenmystik eine Rolle. Mit den alten Regeln beginnt die Entdeckung der Gesetzmäßigkeiten der Natur und in Bezug auf Naturbeobachtung dürften uns die Bauernregeln meist sogar überlegen sein. Sie spiegeln die Weisheit der Natur wider.

Sind die Blüten der großen Goldruten voll erblüht, beginnt die Fruchtreife früher Apfelsorten.

Der Frühling

Er ist wohl die schönste und von vielen am meisten ersehnte Zeit des ganzen Jahres. Seine Jahreszeiten der Natur sind

- **Vorfrühling**
- **Erstfrühling**
- **Vollfrühling**

Mit der Blüte des Schneeglöckchens beginnt die erste Jahreszeit noch etwas im Verborgenen, doch dann im Erstfrühling , wenn die Forsythie blüht, überschlagen sich die Ereignisse in der Natur.

Die Natur erwacht

Die Natur lässt sich auf kein Datum festlegen. Wer aber auf die vielen kleinen Zeichen der Natur achtet, wird erkennen, dass wir es nicht mit unseren vertrauten vier, sondern vielmehr mit zehn Jahreszeiten zu tun haben, die in beschaulicher Reihenfolge den Ablauf des Vegetationsjahres bestimmen. Die Natur kennt keine kalendarische Ordnung, höchstens ein Etwa, Zirka, Annähernd oder Ungefähr. Ob und was wann sprießt, das bestimmt die Natur seit Jahrmillionen mit ihrem eigenen Rhythmus. Die Natur selbst sagt uns durch deutliche Zeichen, welche der zehn Jahreszeiten sie gerade durchschreitet. Drei von zehn natürlichen Jahreszeiten gehören dem Frühling an, der somit viel länger dauert als der Frühling unseres alten, wohlbekannten Kalenders. Die Natur geht mit dieser wunderbaren Jahreszeit sehr umsichtig um und unterscheidet sehr genau zwischen den einzelnen Frühlingsphasen, auch wenn wir es gar nicht erwarten können, das »blaue Band« des Frühlings wieder wehen zu sehen.

In der ersten Frühlingsphase kann ein Blick auf den Kalender enttäuschend wirken, wenn Gras, Laub und Sonnenschein auf sich warten lassen. In manchen Jahren lässt sich die Natur auch schon mal Zeit, bis sie so richtig in Gang kommt. So hat man mit Hilfe der Phänologie festgestellt, dass die einzelnen Frühlingsphasen in den geschützten Lagen der Städte oft wesentlich früher beginnen als auf dem freien Land. Langjährige phänologische Datenreihen scheinen jedoch eine Tendenz abzubilden, nach der der Frühling in Europa immer früher beginnt. Wenn die Kraniche vom Süden kommen, die Frösche anfangen zu quaken und Weide wie Erle ihre Knospen aufspringen lassen, dann lacht jedenfalls der Frühling. Für den Naturbeobachter sind diese Vorgänge des Entfaltens der Blätter und des Blühens untrügliche Zeichen für die jahreszeitlichen Entwicklungsstadien der Natur, in denen gewisse Arbeiten in Natur und Garten erledigt werden. Unsere Vorfahren freuten sich, wenn sie an aufblühenden Blumen oder aus dem Süden zurückkehrenden Vögeln den Beginn der vielleicht schönsten Jahreszeit, des Frühlings, auch Frühjahr, Lenz, Frühzeit oder Maienzeit genannt, ablesen konnten.

Frühlingsfarben

Die Farben des Frühlings zeigen sich als fröhliche, leuchtend frische, helle, aber immer weiche Palette mit dem Rot der Tulpen, dem heiteren Gelb der Löwenzahnblüten, dem typischen Frühlingsgrün der ersten Blätter oder dem Blau des Vergissmeinnichts. Frühlingsfarben entfalten ihre Wirkung besonders in Wohnräumen. Sie sorgen für eine heitere, beglückende und warme Stimmung. Alle Farben wirken warm, freundlich und lebhaft. Der charakteristische Grundton dieser Farbfamilie ist Gelb, obwohl die meisten Blüten des Frühlings eher weißlich sind.

Das Frühjahr ist die Zeit, in der sich die Natur in ein neues Gewand kleidet. Bäume schmücken sich mit neuen Blättern und frischen Blüten, die ersten Blumen wetteifern mit Blüte und Wuchs. Wiesen erhellen sich mit sattem Grün und werden vom Gelb der Löwenzahnblüte überzogen. Der duftend blühende Flieder symbolisiert dann wieder die schönste Jahreszeit. In der Natur kann man den Knospen fast zuschauen, wie sie förmlich explodieren und sich öffnen. Die Natur macht es uns in ihrem neuen Outfit vor, und wir sollten es ihr nachmachen, uns erneuern, Licht und Farbe in unser Leben bringen.

Flieder fehlt in fast keinem Garten. Seine Blüte lässt den Vollfrühling duftig erleben.

Wann beginnt der Frühling?

Neben unserem altbekannten kalendarischen oder astronomischen Frühlingsanfang kennt man auch noch den meteorologischen. Dieser ist am 1. März. Der meteorologische Frühling umfasst die Monate März, April und Mai. In dieser Periode überwiegen in Deutschland meist Wechselspiele zwischen sonnigem und trockenem Wetter sowie unbeständigen, nasskalten Perioden. Wegen der großen Temperaturgegensätze zwischen dem noch kalten Nordeuropa und dem sich schneller erwärmenden Südeuropa gerät Deutschland immer wieder zwischen die »Fronten«, was besonders im April deutlich wird.

Der phänologische Frühlingsbeginn weicht vom astronomischen meist erheblich ab. Sein Einzug ist von vielen Faktoren abhängig, wie von der Klimazone, der Höhenlage, der geografischen Länge und Breite sowie dem lokalen Kleinklima. Entsprechend den jahreszeitlichen Entwicklungsstadien der Pflanzenwelt und der Reaktionen im Tierreich werden die Phasen Vorfrühling, Erstfrühling und Vollfrühling unterschieden. Ganz wichtig: Phänologie ist im eigenen Garten sozusagen vor der Haustür und in der näheren Umgebung möglich. Auch für Jugendliche stehen ausführliche Informationen über die Zusammenhänge und Funktionsweisen natürlicher Abläufe und Lebenszyklen zur Verfügung. Die Jugendorganisation des Naturschutzbundes in Deutschland (NAJU) weist darauf hin, dass durch das eigene Tun positive Veränderungen in der Umwelt bewirkt werden können.

Ein weises afrikanisches Sprichwort bringt es wunderbar auf den Punkt: *»Viele kleine Leute, die an vielen kleinen Orten viele kleine Dinge tun, können das Gesicht der Erde verändern.«*

Achtung Pollen!

Während die meisten Menschen das Erwachen der Natur kaum erwarten können und auf die Zeit der Miniröcke und T-Shirts warten, bangen andere ihrer Heuschnupfenzeit entgegen. Jetzt beginnt für viele Pollenallergiker eine leidvolle Zeit und in vielen Arztpraxen liegen dann wieder Pollenkalender bereit. Unterstützt werden die täglich aktualisierten Pollenvorhersagen von den phänologischen Sofortmeldern, die ihre Beobachtungen dem Deutschen Wetterdienst (DWD) mitteilen, der diese dann entsprechend aufbereitet für die Allgemeinheit zur Verfügung stellt. Ein Dienst, der vor allem von Allergikern hoch geschätzt wird.

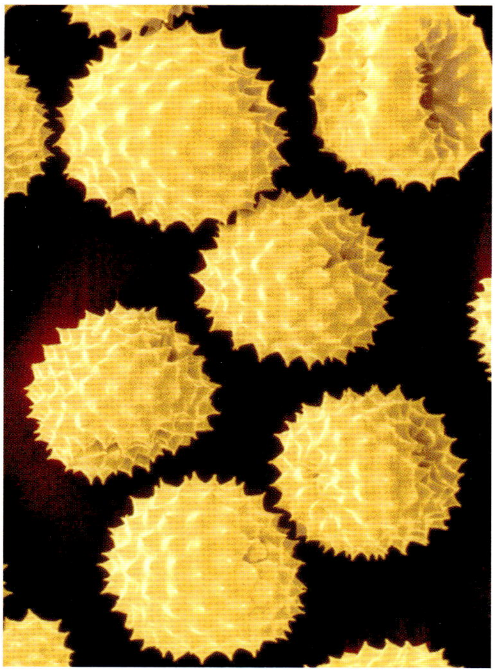

Goldener Pollen, so schön können Allergene sein. Hier: Pollen vom *Ambrosia artemisiifolia*.

Beim bekannten und stark verbreiteten Heuschnupfen handelt es sich nicht um eine Allergie gegen Heu, sondern vor allem gegen Pollen von blühenden Gräsern, Getreide, Blumen, Bäumen und Sträuchern. Neben einer juckenden Nase mit Niesreiz und den daraus folgenden Niesanfällen ist der Heuschnupfen auch häufig an einer gleichzeitigen Entzündung der Augenbindehaut zu erkennen. Hinzu kommt ein allgemeines Krankheitsgefühl mit Kopfschmerzen, Müdigkeit und einer daraus resultierenden Leistungsminderung. Dabei kann es auch zu Fieber und Hautreaktionen, wie Ekzemen oder Nesselsucht, kommen. Circa 20 % der Bevölkerung leiden unter Heuschnupfen und anderen pollenbedingten Allergien – leider mit steigender Tendenz. Bei Kindern liegt der Anteil sogar noch höher.

Pollen als Allergieauslöser

Pollen sind die männlichen Keimzellen der Pflanzen und enthalten somit einen Großteil des genetischen Materials. Daneben enthalten verschiedene Pollen Stoffe, die eine allergieauslösende Wirkung haben können. Trifft der Pollen auf ein feuchtes Milieu wie die Narbe der zu befruchtenden Blüte oder z. B. die Schleimhaut des Menschen, beginnt er mit der Ausschüttung verschiedener Substanzen. Je nach Pollenart dauert dies einige Se-

kunden bis wenige Minuten. Deshalb können bei Pollenallergikern die Unverträglichkeitssymptome gegen Pollen verzögert oder sehr rasch und heftig auftreten.
Nennenswerte Bedeutung haben die Pollen einzelner Gräser, Bäume und Kräuter. Die Größe der Pollenkörner variiert zwischen 20 und 50 Mikrometern. Diese Tatsache ermöglicht den Pollentransport als »Aeroplankton« bis in Höhen von 4 000 m und über mehrere hundert Kilometer Entfernung. Deshalb ist man auch in betonierten Großstädten nicht vor ihnen geschützt.
Tageszeitlich beginnt der Pollenflug gegen fünf Uhr morgens. Neben dem mechanischen Aufwirbeln von Pollen, z. B. beim Rasenmähen, haben wir im Herbst bei trockenen Wetterlagen ebenfalls einen gesteigerten Pollengehalt in der Luft zu erwarten, da der Wind die Pollen vermehrt von den Blättern der Laubbäume oder mit dem Staub des trockenen Bodens aufwirbelt.

Im Vorfrühling übergibt die blühende Erle ihren Pollen – und damit ihre Gene – dem Wind.

Der Beginn der Pollensaison

Die richtige Pollensaison beginnt im Allgemeinen im Vorfrühling mit der stäubenden Blüte von Hasel und Erle. Seltener sind dagegen allergische Reaktionen auf die später blühenden Ulmen, Pappeln und Weiden. In der Mitte des Erstfrühlings, etwa Ende März/Anfang April, trumpft die Natur mit den für viele Allergiker hoch allergenen Pollen der Birke auf. Begleitet von denen der deutlich schwächer allergieauslösenden Eschen- und Buchenpollen. Die von den Bienen besuchten und bestäubten Ahorne, Robinien, Linden und Holunder wiederum fallen schon nicht mehr ins Gewicht. Da der Frühling sich im Allgemeinen immer wieder mit Kälteeinbrüchen durchwachsen zeigt, wissen die vielen zarten Blüten der zahlreichen Frühlingsblüher ihre kostbaren und empfindlichen Blüteninhalte zu schützen. Bei anhaltend kühlem »Schmuddelwetter« öffnen sich z. B. die Blüten des Löwenzahns erst gar nicht, um ihren nässe- und kälteempfindlichen Blütenstaub nicht in Gefahr zu bringen.

Im Sommer sind es die blühenden Gräser, hier vor allem Weiden- und Rasengräser wie Wiesen-Fuchsschwanz und Wiesen-Knäuelgras, die bei allergischen Personen für tränende Augen, triefende Nasen oder gar für Atemnot sorgen – der berühmt-berüchtigte Heuschnupfen. Auch unser Getreide gehört zu den Gräsern und verhält sich mit seinem Pollen leider auch entsprechend, insbesondere der Roggenpollen. Das früher typische Brotgetreide – heute ist es der Weizen – nimmt als stark allergene Pflanze eine Sonderstellung ein. Der ebenfalls stark allergene und häufig anzutreffende Beifuß verfolgt betroffene Personen sogar bis in die Städte.

Pollenallergien

Pollenallergien nehmen in Deutschland immer mehr zu. Man schätzt, dass etwa acht Millionen Menschen mit ihnen zu kämpfen haben. Pflanzen mit allergieauslösenden Pollen sind meist solche, die durch den Wind bestäubt werden. Sie produzieren besonders große Mengen an sehr trockenen, kleinen Pollen mit einem Durchmesser von nur 1/1000 mm. Diese werden vom Wind verbreitet. Pflanzen, die Insekten zum Bestäuben ihrer Blüten brauchen, besitzen schwereren klebrigen Pollen, der für eine Pollenallergie kaum von Bedeutung ist. Ebenso sind die Pollen der Nadelbäume, die riesige Mengen feinen gelben Pollen erzeugen und damit ganze Landstriche überziehen, für Pollenallergiker von nur geringer Bedeutung.

Phänologie und Pollenflugvorhersage

Um rechtzeitig vorbeugende Maßnahmen einleiten zu können, ist es sehr wichtig, die regional unterschiedlichen Blütezeiten der Pollenpflanzen festzustellen. Neben den phänologischen Phasen informiert der Pollenkalender über die Hauptblütezeiten der verschiedenen Pollenpflanzen. Für das Feststellen eines tatsächlichen regionalen Beginns der Blüte der persönlichen »Pollenpflanze« sind wiederum die Sofortmelder unter den Phänologen gefragt, die ihre Daten gleich am Tag der Erhebung weiterleiten.
Etwa 400 der phänologischen Beobachter des Deutschen Wetterdienstes (DWD) beobachten als Sofortmelder immerhin 74 Entwicklungsstadien regelmäßig, bei denen die Pollenflugzeiten der Pflanzen (siehe Pollenflugkalender) natürlich einen besonderen Stellenwert einnehmen. Der DWD hat somit ein verlässliches »Frühwarnsystem« geschaffen. Doch nicht nur die Allergiker profitieren von den Sofortmeldedaten, auch Landwirte, Gärtner, Imker und Winzer sind auf genaue Beobachtungen von Wetter und Wachstum angewiesen.
Allen »Schniefnasen« sei daher im eigenen Interesse geraten, sich ein wenig mehr mit den phänologischen Phasen zu beschäftigen.
Durch langjährige phänologische Datensammlungen und Versuche wurde beispielsweise bewiesen, dass die zunehmend warmen Winter die Bäume mit allergenen Pollen früher erblühen lassen. Damit zieht sich die Pollensaison für Allergiker noch weiter in die Länge.

Pollenflugkalender

Pflanze	Jan.	Feb.	März	Apr.	Mai	Jun.	Jul.	Aug.	Sep.	Okt.
Ahorn			X	X	X	X				
Akazie					X	X				
Ampfer				X	X	X	X	X	X	
Beifuß							X	X	X	
Birke			X	X	X	X				
Brennnessel					X	X	X	X	X	X
Buche				X	X	X				
Eibe			X	X	X	X				
Eiche			X	X	X	X				
Erle	X	X	X	X	X					
Esche			X	X	X					
Fichte				X	X	X				
Gerste						X				
Goldrute								X	X	
Gräser				X	X	X	X	X	X	X
Hafer							X			
Hasel	X	X	X	X	X					
Holunder						X	X	X		
Kiefer				X	X	X	X	X	X	
Linde						X	X	X		
Löwenzahn					X					
Mais							X			
Nessel					X	X	X	X		
Pappel			X	X	X					
Platane			X	X	X					
Roggen						X				
Rosskastanie					X	X				
Spitzwegerich					X	X	X	X	X	
Tanne					X	X				
Ulme			X	X						
Walnuss				X	X	X				
Wegerich				X	X	X	X	X	X	
Weide			X	X	X	X				

Der Vorfrühling

Die erste phänologische Jahreszeit zwischen Januar und Ende März. Der Vorfrühling zieht vom Nordwesten (Kölner Bucht) rheinabwärts in die Niederlande, von dort nach Süden und Osten.

Leitphase: Hasel – Beginn der Blüte; Schneeglöckchen – Beginn der Blüte (Ersatzphase)
Ende: Stachelbeere – Austrieb
Er ist die Brücke vom Winter in den Frühling, das wissen sogar die Kinder. Sie sagen: »Im Winter hat die Sonne alle Farben von der Erde mit nach oben genommen, im Frühling schickt sie sie wieder herunter.« An dieser Jahreszeitenschwelle angekommen, fällt in den kommenden Wochen für Füchse, Marder und Wiesel, für Elstern, Krähen und Raben sowie für Wildschweine reichlich Beute an. Sie alle können mit wenig Kraftaufwand alles erbeuten, was den Winter geschwächt überlebt hat, und sie werden so zu Gesundheitspolizisten. Die natürliche Auslese ist zu keiner Jahreszeit so deutlich erlebbar wie jetzt. Kein »Kümmerling« entkommt ihr.
Die zunehmende Tageslänge und die Wärme sind für viele Tiere und Pflanzen wichtige Signale, mit deren Hilfe sie je nach Jahreszeit wissen, was jetzt zu tun ist. Der Startschuss für den Vorfrühling ist die Blüte der Haselnuss. Ihr gelber Pollen, der in alle Winde gestreut wird, ist das Signal für den Beginn der neuen Vegetationsperiode.
Meist deutlich vor dem Einsetzen der Haselnussblüte zeigen sich noch von Schnee bedeckt die ersten Schneeglöckchen. Könnten sie läuten, würde ein abertausendstimmiges Geläut über die Landschaft schallen. Diese ersten zarten Frühlingsboten sind bei uns so beliebt, dass sie selbst dort, wo kein Schnee mehr liegt, vielerorts die Landschaft oder Gärten mit ihren Blütenglöckchen in ein strahlendes Weiß einhüllen. Aber erst, wenn sich die Glöckchen von unten öffnen und der Blütenstaub zu sehen ist, beginnt die phänologische Phase des Vorfrühlings. Zu den Frühaufstehern gehören aber auch die Salweide und die Schwarz-Erle.

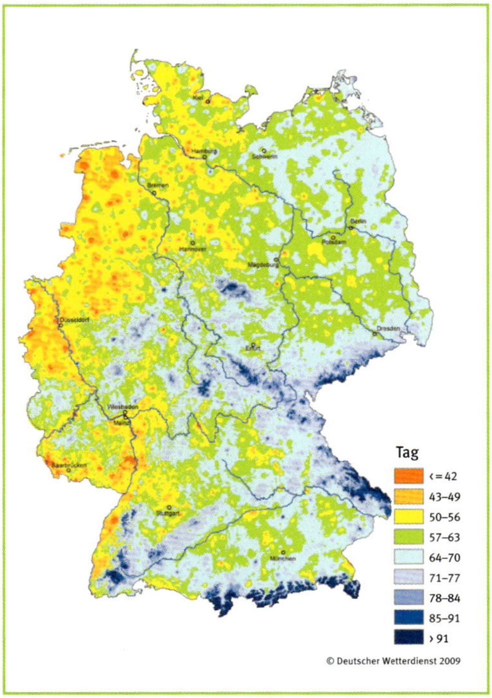

Schneeglöckchen – Beginn der Blüte (1964–1990)

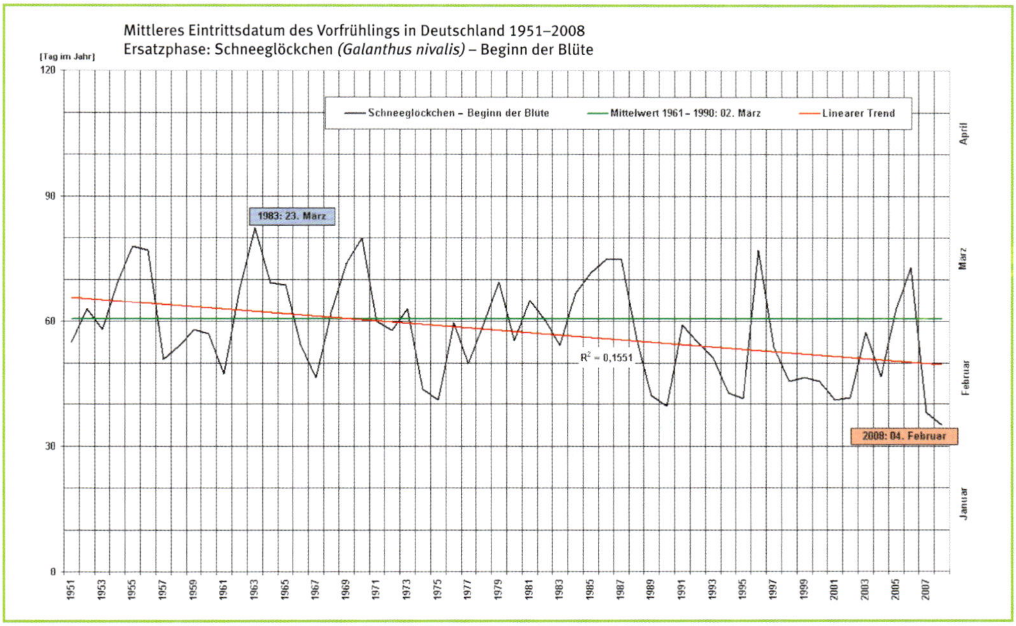

Beginn der Schneeglöckchenblüte in den Jahren 1951–2008. Die Grafik zeigt das sich immer mehr verfrühende mittlere Eintrittsdatum des Vorfrühlings in Deutschland (rote Linie).

Die Anzeichen des Wiedererwachens der Natur sind nun immer sichtbarer. Überall schwellen und sprießen die Knospen. Auf dem noch sonnendurchfluteten Waldboden erfreuen uns die ersten Frühblüher. Sie reagieren auf die Erwärmung des Bodens. Die Bodentemperaturen liegen in den mittleren Breiten im Allgemeinen noch unter 5 °C, somit kann in der Landwirtschaft noch kein Startschuss für die Feldarbeiten gegeben werden. Zudem ist der Boden noch nicht ausreichend abgetrocknet.

Am Ende der ersten Frühlingsphase kündet jedoch der Blattaustrieb der Stachelbeere an, dass es nun nach und nach an der Zeit ist, die Felder zu bestellen.

Sind die Kätzchen der Salweide Mitte des Vorfrühlings erblüht, summt und brummt es überall.

Übersicht über die Vorfrühlingssignalpflanzen

	Natur	Landwirtschaft	Obstgarten
Anfang	Haselnuss, Schwarz-Erle, Schneeglöckchen – Beginn Blüte		
Mitte	Salweide – Beginn Blüte		Weinrebe – erstes Bluten
Ende	Kornelkirsche, Huflattich, Veilchen – Beginn Blüte	Dauergrünland – Ergrünen	Stachelbeere – Austrieb

Immer mehr Vogelstimmen sind zu hören. Die erste warme Regennacht setzt dann die Wanderung der Amphibien in Gang. Sehen wir zusätzlich noch Kraniche lärmend über uns hinwegfliegen und die Wiesen und Felder ergrünen, ist das Frühlingsgefühl perfekt. Dieses Gefühl des Wiedererwachens der Natur unterscheidet die erste Frühlingsphase von allen anderen Jahreszeiten.

Tierphänologie des Vorfrühlings

Amphibienwanderung – erste Tiere
Biene – Reinigungsflug
Biene – erste sammelnde Tiere
Hummel – erste sammelnde Tiere
Ameise – umherkrabbelnde Tiere
Schmetterlinge – erste Sichtung
Zitronenfalter – erste Sichtung
Kleiner Fuchs – erste Sichtung
Tagpfauenauge – erste Sichtung
Haubentaucher – Balz
Kanadagans – Abflug
Kranich – Ankunft, Sammeln
Vogelgesang – allgemein erste auffallende Strophen

Bei den Ahornen schwellen die Blattknospen an, die gerne von den Spatzen abgesucht werden. Der Efeu bildet seine schwarzen Früchte aus, die vor allem bei späten Wettereinbrüchen von vielen Vogelarten gefressen werden. Mit dem Beginn des Stachelbeeraustriebs und dem Beginn der Aussaat des Sommergetreides schließt die Vorfrühlingsphase und leitet den Übergang in den Erstfrühling ein.

Leitpflanzen des Vorfrühlings

Haselnuss

(Corylus avellana)

Im Volksmund: Hexenhasel, Levantiner, Türkische Hasel und Zeller Nuss

Phänologische Phase: Beginn der Blüte um den 7.2.

Den Startschuss in das neue Naturjahr gibt die Haselnuss. Obwohl Schnee- und Graupelschauer, Raureif und vereiste Rinden Busch und Baum einhüllen, wird die unerschütterliche Kraft des Winters durch das Stäuben der Haselnusskätzchen und auch des Rohrkolbens gebrochen. Zum Stäuben der Pflanzen sind Temperaturen deutlich über 5 °C notwendig. Je nach Wetterlage kann sogar schon ab Ende Dezember damit gerechnet werden.

Blüte: Zu beobachten ist der Beginn der Blüte, die meist noch vor dem Erscheinen der Schneeglöckchen und lange vor der Blattentfaltung beginnt. Die Phase der Haselblüte ist erreicht, wenn sich die ersten männlichen Kätzchen vollständig gestreckt haben und ihren gelben Blütenstaub abgeben. Dies lässt sich sehr gut prüfen, indem man mit dem Finger an die Kätzchen tippt. Es kann sogar vorkommen, dass in Jahren mit außergewöhnlicher Wetterlage die Haselnussblüte schon in den Spätherbst fällt.

Kleines Schneeglöckchen *(Galanthus nivalis)*

Im Volksmund: Märzglöckchen, Milchblume, Hübsche Februar-Mädchen, Lichtmess-Glöckchen, Schneetröpfchen sowie Weiße Jungfrau
Phänologische Phase: Beginn der Blüte um den 20. 2.

Bei den Phänologen gilt die Blüte des Schneeglöckchens als Signal für den beginnenden Vorfrühling und nach strengen Wintern kann der Frühlingsbote bei Erwärmung innerhalb einer Woche erblühen. Blüte heißt, dass die Blütenblätter deutlich abgespreizt sein müssen. Beobachtet wird aber nur das heimische Schneeglöckchen *Galanthus nivalis*, nicht etwa *Galanthus elwesii*, das sehr viel früher zu blühen beginnt. Bei offener Blüte sind die beiden leicht an der Zeichnung der inneren Blütenblätter zu unterscheiden. Das Kleine Schneeglöckchen hat nur einen kleinen hufeisenförmigen grünen Fleck, das Große einen größeren durchgehenden Streifen.

Mit der Blüte der Haselnusskätzchen ist die Kraft des Winters gebrochen.

Das blühende Schneeglöckchen ist die typische Zeigerpflanze des Vorfrühlings.

Blüte: Die Phase der Schneeglöckchenblüte ist erreicht, wenn die ersten Schneeglöckchen ihre äußeren Blütenblätter abspreizen und innerhalb der inneren Blütenblätter die Staubgefäße zu sehen sind. Mit dieser Phase hält der Vorfrühling Einzug ins Land. Für die phänologische Beobachtung ist ferner wichtig, nicht Schneeglöckchen auszuwählen, die im Schutz besonders warmer Orte blühen. An einer Hauswand beginnt die Blüte z. B. schon 10 Tage früher als an ungeschützten Stellen.

Huflattich

(Tussilago farfara)

Im Volksmund: Ackerlattich, Brandlattich, Brustlattich, Eselshuf, Feldlattich, Hitzeblätter, Lehmblätter, Märzblume, Pferdehuf, Sandblume, Tabakkraut, Zytröseli

Phänologische Phase: Beginn der Blüte um den 16. 3.

Blüht der Huflattich, kann im Garten mit so mancher Aussaat begonnen werden.

Die immer länger werdenden Stängel der Huflattichblüten geben uns schon ein Zeichen für den nahenden Vollfrühlings. *»Siehst du im März gelbe Blumen im Freien, magst du getrost deinen Samen streuen.«* Diese Bauernregel belegt, dass mit dem Erscheinen der Huflattichblüte die Arbeiten im Freiland ihren Anfang nahmen.

Blüte: Wegen der frühen Blüte besteht keine Verwechslungsgefahr mit anderen Blüten. Vom Blühbeginn spricht man, wenn sich die ersten der markanten gelben Blütenkörbe des Huflattichs völlig geöffnet haben. Bei regnerischem Wetter und abends schließen sich die Blüten.

Gartenarbeiten in den Vorfrühlingsphasen

Im Frühjahr ist die Witterung für das Gelingen der Gartenarbeit von entscheidender Bedeutung. Mit der zunehmenden Tageslänge und steigenden Temperaturen halten es viele Gärtnerinnen und Gärtner nicht mehr länger im Haus aus. Am liebsten würden sie bei der ersten warmen Hochdruckperiode in den Garten gehen, um sogleich mit der Arbeit zu beginnen. Doch wahrscheinliche Kälteeinbrüche und Nachtfröste können allzu früh ausgebrachte Samen und Pflanzungen wieder zunichtemachen. Blüht aber erst einmal das Schneeglöckchen, ist der phänologische Winter geschafft und die Arbeiten im Garten können nach diesem natürlichen Startsignal endlich, aber immer noch mit Bedacht beginnen.

Beim Erblühen des Schneeglöckchens, etwa zeitgleich erblüht auch der Winterling, hat der Boden ein Temperaturniveau erreicht, bei dem die meisten Pflanzen ihre Vegetationsphase beginnen. Die Starttemperatur wird im Allgemeinen zwischen 5 und 6 °C angegeben. Beginnt man mit seinen Arbeiten erst ab der Huflattichblüte, ist man selbst in raueren Lagen auf der sicheren Seite. Dann sind bereits auch blühende Buschwindröschen, Leberblümchen, Gänseblümchen und Veilchen zu finden.

Bereits ab der Schneeglöckchenblüte können Kopfsalat und Kohlrabi unter der Folie ausgepflanzt werden.

Zur Schneeglöckchenblüte

Glashaus: Paprika, Sellerie und Tomaten können gepflanzt werden. Zum Schutz vor stärkeren Nachtfrösten oder wegen eines eventuellen Kaltlufteinbruchs muss möglicherweise eine Heizung eingesetzt werden.

Frühbeet: Erste Radieschen, Spinat, Dill, Pflücksalat und Kresse können ausgesät werden.

Folie: Kohlrabi und Kopfsalat können jetzt schon gepflanzt werden, für einen warmen Fuß im Frühbeet sorgt Pferdemist, sonst lieber noch bis nach der Huflattichblüte warten.

Nutzgarten: Wenn der Boden frostfrei ist, können die Gemüsebeete vorbereitet werden. Grubbern, auflockern, fein krümeln und nach Bedarf Kompost aufbringen.

Obstgarten: Austriebsspritzung gegen überwinternde Schädlinge an Obstbäumen, Gehölzen und Koniferen. In der Zeit zwischen dem Schwellen der Knospen und dem Sichtbarwerden der Blattspitzen sind Schädlinge besonders empfindlich.

Spritzungen gegen überwinternde Schädlinge sind zur Zeit des Austriebs besonders wirksam.

Zu dicht gewordene Kronen von Apfel- und Birnbäumen auslichten, aber: Keinen »Kleingärtnerschnippelschnitt« durchführen, sondern schneiden Sie besser ganze Astpartien weg als nur viele Zweige kleiner oder mittlerer Stärke. Größere Schnittstellen stets mit Baumwachs bestreichen.

Nach der Säuberung der Obstbaumstämme können diese jetzt zum Schutz vor Rindenrissen durch Temperaturschwankungen weiß gekalkt werden.

Beerenobst, egal ob Stachelbeere, Johannisbeere oder Jostabeere, muss einmal im Jahr geschnitten werden. Es gibt hierfür zwei ideale Schnitttermine – jetzt oder direkt nach der Ernte. Zu Beginn des Vorfrühlings geschnittene bleistiftdicke Äste kann man sofort als Steckholz verwenden.

Ziergarten: Ab jetzt bis zum Beginn der Stachelbeerblüte ist die beste Zeit, um Blühgehölze wie Blasenspiere, Deutzie, Erbsenstrauch, Felsenbirne, Gewürzstrauch, Hasel, Kolkwitzie, Pfeifenstrauch, Pracht- und Scheinspiere, Schneeball und Weigelie zu schneiden.

Ernte: Den letzten Feldsalat, Rosen- und Grünkohl, Winterlauch und Rosenkohl.

Alte Bauern-, Beobachtungs- und Erfahrungsregeln des Vorfrühlings

- Der Frühling ist da, wenn dein Fuß auf drei Gänseblümchen treten kann.
- Wenn im März schon die Veilchen blühen, an Ludwig (25.8.) schon die Schwalben ziehen.
- Schlägt im Märzengrün der Fink, ist's ein gar gefährlich Ding.
- Trock'ner März, nasser April und kühler Mai, füllt Scheun' und Keller, bringt gut Heu.
- Dem Golde gleich ist Märzenstaub, er bringt uns Kraut und Gras und Laub.
- Ist die Märzenwiese grau wie ein Has', gibt's im Sommer gutes Gras.
- Jedes Maul voll Gras im März, kostet einen Schoppen Milch im Winter.
- Ein grüner März bringt selten etwas Gutes.
- Auf einen freundlichen März folgt meist ein freundlicher April.
- Frauengeschmack, Mädchenliebe und Märzwetter sind unbeständig.
- Märzensonne, nur kurze Wonne; Märzenschein lässt noch nichts gedeih'n.
- Wenn der März mait, märzt der Mai.
- Baumblüte im März friert oft bis ins Herz.

Zur Huflattichblüte

Alle Arbeiten, die ab der Schneeglöckchenblüte möglich sind, können auch jetzt, zur Huflattichblüte, durchgeführt werden. Die Bodentemperatur hat sich inzwischen um ca. 1 °C auf 6 °C erhöht.

Glashaus: Aussaat, Vorkultur oder Pflanzung von Auberginen, Bleichsellerie, Bohnenkraut, Brokkoli, Fenchel, Kohlrabi, Kopfsalat, Paprika, Rettich, Sellerie und Tomaten.

Jetzt lohnt es sich, Frühkartoffeln vorzukeimen, entweder im warmen Glashaus oder an einem hellen warmen Ort im Haus. Vorgekeimte Knollen sind robuster und vertragen beim Auspflanzen Bodentemperaturen von 5 bis 6 °C, nicht vorgekeimte hingegen benötigen 8 °C.

Folie: Aussaat von Kopf-, Pflück- und Schnittsalat, Rote Bete, Radieschen, Rettich, Mairübe, Lauch, Weiß-, Rot- und Spitzkohl, Wirsing, Sprossenkohl, Kohlrabi.

Nutzgarten: Ist das Land so weit abgetrocknet, dass die Erde an den Schuhsohlen nicht mehr klebt, kann mit der Aussaat von Spinat, Puffbohnen, frühen Möhren, Mairüben, Zwiebeln, Schwarzwurzeln, dicken Bohnen, Rettich sowie Schnittsalat begonnen werden. Bei schweren Böden sollte man noch bis zur Forsythienblüte warten. Zum Schutz vor Kälteeinbrüchen in Vlies oder Lochfolie bereithalten. Erdbeeren tut jetzt eine Düngung gut. Der Vorfrühling ist überhaupt eine günstige Zeit, um für Humusnachschub zu sorgen. Der Boden hat jetzt eine Temperatur von ca. 6 °C erreicht. Die Pflanzen können die Nährstoffe wieder gut aufnehmen. Stallmist, überwinternder Gründünger oder Pflanzenreste jetzt in den Boden einarbeiten.

Ziergarten: Der Winterschutz von Gehölzen, Rosen und Stauden kann allmählich vorsichtig entfernt und die Rosen können zurückgeschnitten und gedüngt werden. Bei im Herbst gepflanzten empfindlichen Gehölzen, insbesondere den Rosen, sollte der Winterschutz bis zum Beginn der Forsythienblüte belassen werden. Immergrüne kann man jetzt stark verjüngen. Rosen und Ziergehölze pflanzen und Rasenverbesserungen vornehmen. Unter Büsche und Bäume Kompost oder Mulch auftragen.

Die Königin der Blumen wird am besten zur Huflattichblüte geschnitten und gedüngt.

Sommerblühende Stauden lassen sich jetzt noch teilen und verpflanzen. Für die Neuanpflanzung von Stauden ist nun eine gute Zeit, da die meisten noch keinen stärkeren Austrieb haben, sofort zu wachsen beginnen und in ihrem natürlichen Wachstumsrhythmus nicht gestört werden.

Sonstiges: Am 17. März ist der Ehrentag der bekannten Frühjahrsbotin Gertrud, Schutzpatronin der Gemüsegärtner und Gemüsehändler. Besonders in milderen Lagen beginnt jetzt die Arbeit in Garten und Feld. Bienenkörbe werden aufgestellt und Kühe dürfen auf die Weide.

Ernte: Erste zarte Wildkräuter wie Löwenzahnblätter, Gänseblümchen und Schaumkraut.
In der Natur können geerntet bzw. gesammelt werden: Mistelzweige, Birkenrinde, Eichenwurzeln, Hauhechelwurzeln, Klettenwurzeln, Lungenkraut, Huflattichblüten, Schlüsselblumen, Meisterwurz und Pestwurz.

Der Erstfrühling

Die zweite phänologische Jahreszeit – zwischen Ende März und Ende April

Leitphase: Forsythie – Beginn der Blüte; Stachelbeere – Beginn der Blattentfaltung (Ersatzphase)

Ende: Rotbuche – Blattentfaltung; Kirsche und Birne – Beginn der Blüte

Am 21. März ist zwar der offizielle Frühlingsanfang, aber dass schon lange vorher der Frühling eingezogen ist und weit in die Jahreszeit hinein dauert, das können wir an der Natur erfahren, die mit unserer Zeitrechnung nicht viel anzufangen weiß. Die Natur wirtschaftet nach eigenen Gesetzen. Sobald sich auf blattlosen Stängeln die sonnengelben Blüten der Forsythie entfalten, können wir den Beginn des Erstfrühlings notieren. Ihre Blüten sind der Startschuss für ein wahres Feuerwerk an Blüten und Austrieben, denn die furchtlose Forsythie, die oft noch eine nasse Schneelast zu tragen hat, spornt alle anderen an. Was die Schneeglöckchen einläuteten, die Huflattichblüten für Bauern und Gärtner ankündeten, Molche und Frösche aus ihren Schlupfwinkeln lockte, was das Gekrächze der Rabenvögel und das schaurig monotone Lied der Eule verkündeten und auch Star und Lerche seit Langem wussten, ist endlich eingetreten: Der Erstfrühling ist ins Land gezogen. Wenn Meister Lampe mit seinem Hochzeitstanz beginnt, Meister Adebar (= Gutbringer) wieder anfängt auf den Dächern zu klappern, Hausrotschwanz, Zilpzalp, Bachstelze und Ringeltaube aus dem Süden zurückkehren, dann ist die Präsenz des Erstfrühlings unverkennbar. War die Zahl der Kennpflanzen im Vorfrühling noch spärlich, beginnt jetzt ein wahres Wachstumsfeuerwerk. Die Welt wird wahrhaft mit jedem Tag schöner und man wünscht sich gleich ein Dutzend Augen, um alles mitzubekommen. Es dürstet einen nach der langen Winterpause regelrecht, die ersten bunten Blumensträuße für einen Ehrenplatz im Wohnzimmer zu pflü-

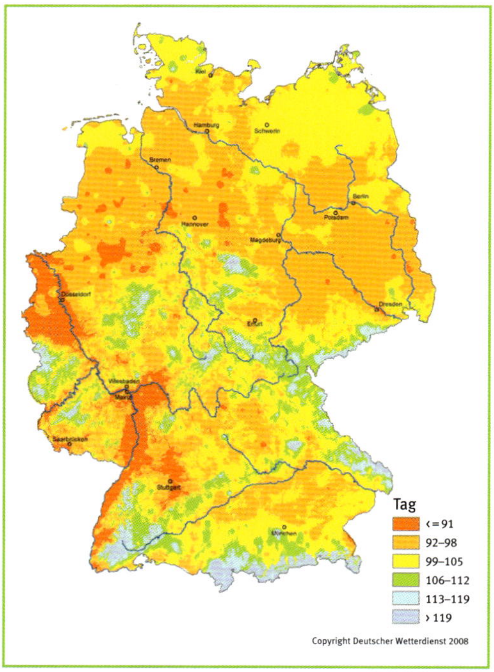

Stachelbeere – Beginn der Blattentfaltung (1961–1990)

cken. Jetzt beginnen sich auch aufgrund der intensiveren Sonneneinstrahlung die Bodenverhältnisse spürbar zu verbessern. In den oberen Bodenschichten wird es deutlich wärmer, besonders zum Ende dieser Phase können stolze 10 °C gemessen werden.

Wo Blüten so viel Mut zeigen, da lassen sich auch die Bäume nicht lumpen. Viel Wind, wechselhaftes Wetter und erste wenige Blätter – das sind die Markenzeichen des Erstfrühlings. Idealbedingungen für die blühenden Kätzchen von Hasel, Erle und Birke sowie Hainbuche, Rotbuche und Pappel, die ihre gelben Pollen dem Wind anvertrauen. Für Allergiker beginnen jetzt schlechte Zeiten, denn überall legen sich feine Blütenstaubwölkchen über die erwachende Natur.

Am Boden blühen Scharbockskraut, Hornveilchen, Leberblümchen und die blühende Taubnessel. Sie alle sind zu Beginn der Blühsaison wichtige Futterpflanzen für Insekten. Wenn die Wälder einen ersten Hauch von Grün zeigen, dann haben die Weidenkätzchen als Pollenstreuer bald ausgedient. Wie ein lichtflimmernder Vorhang wirken die ergrünenden Zweige der großen Hängeweiden und die lichtgrünen Finger der Kastanie verweisen auf den unaufhaltsamen Fortschritt des Erstfrühlings. In Gärten und Parks blühen wie schimmernde Pokale die märchenhaft anzusehenden großen, weißen Blumenschalen der Magnolien.

In unseren Gärten entfalten sich die blassgrünen Blättchen des Flieders und viele Ziersträucher schlagen aus. Mit der Blüte des Löwenzahns beginnt auch das deutlich verstärkte Graswachstum. Damit ist auch das erste Vieh auf den Weiden zu sehen.

Die ersten Blühteppiche des Erstfrühlings bildet das zarte Buschwindröschen aus.

Tierphänologie des Erstfrühlings

Amphibienwanderung – erste Tiere
Kaulquappen – erste Tiere
Wasser- oder Teichfrosch – erstes Rufen
Gehäuseschnecken – erste kriechende Tiere
Standvögel – allgemeiner Beginn der Brutzeit (Amsel, Meise, Sperling, Grünling)
Weißstorch – erste Sichtung
Ringelnatter – erste Tiere
Kuckuck – erstes Rufen
Rauchschwalbe – Rückkehr
Kohlweißling – erste Sichtung

Übersicht über die Erstfrühlingssignalpflanzen

	Natur	Landwirtschaft	Obstgarten
Anfang		Hafer – Bestellung	
	Forsythie – Beginn der Blüte		Stachelbeere – Blattentfaltung
	Buschwindröschen, Primel / Himmelsschlüssel – Beginn der Blüte	Kartoffel – Beginn der Bestellung	
	Rosskastanie – Austrieb	Hafer – Auflaufen; Rote Bete – Bestellung	
	Eberesche – Austrieb		
		Winterraps – Beginn des Schossens	
	Europäische Lärche – Nadelentfaltung; Hängebirke – Austrieb		Apfel – Austrieb
Mitte	Spitz-Ahorn – Beginn der Blüte; Rosskastanie, Schwarz-Erle, Hängebirke – Blattentfaltung	Sonnenblume – Bestellung	Stachelbeere – Beginn der Blüte
	Hängebirke, Schlehe – Beginn der Blüte; Eberesche – Blattentfaltung		
Ende	Löwenzahn, Traubenkirsche – Beginn Blüte	Beginn Weidenaustrieb	Johannisbeere – Beginn der Blüte; Weinrebe – erstes Bluten
		Winterraps – Knospenbildung; Winterroggen – Beginn des Schossens	
		Wintergerste – Beginn des Schossens	Süßkirsche – Beginn der Blüte
		Mais – Bestellung	Birne – Beginn der Blüte
	Esche – Beginn der Blüte		Süßkirsche – Vollblüte
	Rotbuche – Blattentfaltung	Kartoffel – Auflaufen	Sauerkirsche – Beginn der Blüte
		Rote Bete – Auflaufen	Birne – Vollblüte

Der Erstfrühling gipfelt mit dem Blütenfeuerwerk der nacheinander blühenden Kirsch-, Pflaumen- und Birnenbäume, das mit der Blüte der aus Fernost stammenden Zierkirschen eingeleitet wird. Ein Zeichen für den Landwirt, den Wärme liebenden Mais in die Erde zu bringen.

Der Hamburger Forsythien-Kalender

Die Leitpflanze des Erstfrühlings ist in Hamburg seit dem 27. März 1945 ein fester Bestandteil des Erstfrühlings und hat als Hamburger Forsythien-Kalender eine lange Tradition. Im vorletzten Monat des Zweiten Weltkriegs entdeckte Carl Wendorf im zerstörten Hamburg zum ersten Mal blühende Forsythien an der Lombardsbrücke. Seitdem schrieb er jedes Jahr den Blühtermin in seinem »Frühlingskalender« auf. Noch heute werden seine Beobachtungen von phänologischen Beobachtern des Deutschen Wetterdienstes fortgesetzt. Die lange Beobachtungsreihe an den Forsythien zeigt, dass die Blüte im Verlauf der letzten Jahrzehnte durchschnittlich sechs Tage früher einsetzt, als dies noch Mitte des letzten Jahrhunderts der Fall war. Der früheste beobachtete Aufblühtermin der Forsythie seit dem Frühjahr 1945 war der 15.02. 2002, während sich die Blüten im Jahr 1970 erst am 25.04. öffneten. Im Mittel hat sich seit dem Beobachtungsbeginn im Jahr 1945 der Blütebeginn um fast einen Monat nach vorne verschoben.

Die Leitpflanze des Erstfrühlings ist die erblühende Forsythie. Ihre Blüten sind steril.

Leitpflanzen des Erstfrühlings

Forsythie

(Forsythia suspensa)

Im Volksmund: Goldflieder, Goldglöckchen

Phänologische Phase: Beginn der Blüte um den 25.3.

Da der beliebte sommergrüne Zierstrauch wirklich fast überall zu sehen ist, macht ihn das besonders interessant für stadtphänologische und klimatologische Untersuchungen. Bei phänologischen Beobachtungen sollte man die Forsythie nicht mit der deutlich kleinblütigeren Grünen Forsythie *(Forsythia viridissima)* verwechseln, die etwa zwei bis drei Wochen später blüht. Die Äste der echten Forsythie sind innen hohl und haben leicht überhängende Zweige. Alle anderen wachsen aufrecht und sind innen komplett mit Mark gefüllt.

Blüte: Die Phase der Forsythienblüte ist erreicht, wenn an einem freistehenden Forsythienstrauch die ersten Blüten vollständig geöffnet sind. Nicht berücksichtigt werden eine Zweit- oder Drittblüte und Pflanzen an Hausspalieren.

Stachelbeere

(Ribes uva-crispa, R. grossularia)
Im Volksmund: Agrasl, Chrosle, Chruselbeeri, Klosterbeere, Mauschale, Mungartzen, Ogrosl oder Ribitzel
Phänologische Gesamtphasen: Beginn des Austriebes um den 16. 3., Beginn der Blattentfaltung um den 25. 3., Beginn der Blüte um den 13. 4., Beginn der Pflückreife um den 3. 7.

Die unscheinbare Phase der Stachelbeerblüte ist ein wichtiger Indikator für die Gartenarbeit.

Nachdem die ersten Getreideaussaaten in die Erde gekommen sind und die Knospen der Stachelbeere aufplatzen, dauert es nur wenige Tage, bis sich ihre Blätter zu entfalten beginnen. Dies ist die markanteste, aber auch unscheinbarste Beobachtung im Erstfrühling, ein sicheres Zeichen für den Beginn des Erstfrühlings. Erscheinen am Stachelbeerstrauch die ersten unscheinbaren Blüten, ist auch schon die Erstfrühlingsmitte erreicht. Diese beiden Naturerscheinungen signalisieren in der Landwirtschaft, dass mit der Haferaussaat begonnen werden kann, das Sommergetreide wird dann bald aufgehen.

Austrieb: An den dornenbewehrten Beerenobstpflanzen lassen sich nacheinander vier Wachstumsphasen beobachten. Als Erstes zeigt der Beginn des Blattaustriebs mit dem Öffnen der Knospen das Ende des phänologischen Vorfrühlings an. Diese Phase des Stachelbeeraustriebs ist erreicht, wenn die ersten Knospen aufplatzen und das Blattgrün sichtbar wird.

Blattentfaltung: Der Beginn der Stachelbeer-Blattentfaltung markiert den Vollfrühling. Zwar haben die Blätter ihre endgültige Größe noch nicht erreicht, jedoch ihre Form. Diese Phase der Stachelbeer-Blattentfaltung ist erreicht, wenn sich die ersten Blätter vollständig aus der Knospe herausgeschoben und bis zum Blattstiel oder Blattansatz entfaltet haben.

Blüte: Etwas schwieriger ist einige Tage später der Beginn der Blüte zu bestimmen, die einzeln oder in Dreiergruppen an den Büscheln der Kurztriebe stattfindet. Die Phase der Stachelbeerblüte ist erreicht, wenn sich die ersten unscheinbaren, kleinen Blüten vollständig geöffnet haben und beim Berühren Blütenstaub hinterlassen. Die vierte Beobachtungsphase an der Stachelbeere ist die Pflückreife ihrer Beerenfrüchte, die im phänologischen Hochsommer stattfindet.

Zum Ende des Erstfrühlings erobert die Löwenzahnblüte die meisten Landstriche Europas.

Löwenzahn
(Taraxacum officinale vulgare)

Im Volksmund: Ackerzichorie, Butterblume, Bettpisser, Gemeiner Löwenzahn, Hundeblume, Kettenblume, Kuhblume, Kukucksblom, Milchstock, Pusteblume, Wiesenlattich, Wiesen-Löwenzahn
Phänologische Phase: Beginn der Blüte um den 17.4.

Den in voller Blüte stehenden Löwenzahn dürfte wohl jeder kennen. Trotzdem sollte nur der kräftige, ca. 40 cm große Wiesen-Löwenzahn und nicht andere, zumeist niedrigere, bis 20 cm große Löwenzahnarten beobachtet werden.

Blüte: Die zu beobachtenden Pflanzen dürfen nicht an Wegrändern oder Einzelstandorten ausgewählt werden. Die Massenaufkommen an Wiesenstandorten sind zu bevorzugen. Die Phase der Löwenzahnblüte ist erreicht, wenn sich die ersten Blütenkörbe voll entfaltet haben. Wie beim Huflattich unterliegt auch der Löwenzahn dem Tag-Nacht-Rhythmus. An trüben Tagen und in der Nacht sind die Blüten geschlossen.

Seit dem Jahre 705 wird die Kirschblüte in Japan schon lückenlos phänologisch dokumentiert.

Süßkirsche, Vogelkirsche
(Prunus avium)

Im Volksmund: Wildkirsche, Knorpelkirsche, Herzkirsche, Kirs
Phänologische Gesamtphasen: Beginn der Blüte um den 21.4., Vollblüte, Ende der Blüte,

Beginn der Pflückreife um den 24.6., Blattverfärbung
Der Beginn der Kirschblüte leitet das Ende des Erstfrühlings ein. Charakteristisches Erkennungszeichen in sogar unbelaubtem Zustand ist die graubraune, glänzende »Ringelborke« des Stammes. Zur Beobachtung der Süßkirsche sollte ein möglichst früh blühender und reifender Baum ausgesucht werden. Der Beginn der Süßkirschenblüte ist die erste von fünf phänologischen Phasen des Baumes, wobei bei der Süß- und auch bei der Sauerkirsche drei Blütenphasen unterschieden werden. An dem Verlauf dieser drei Blühphasen lässt sich ganz deutlich der Witterungscharakter ablesen. Je wärmer es ist, umso schneller wechseln sich die Phasen ab. Aus dicken »Tragknospen« erscheinen die weißen Blüten in doldenförmigen Büscheln an bis zu sechs langen Stielen. Die Blüte ist sehr frostempfindlich und zudem für die Befruchtung abhängig vom Besuch fleißiger Bienen und Hummeln. Nasskalte Wetterlagen oder stärkere Fröste während der Blüte führen zu nur geringem oder gar keinem Ertrag.

Blüte: Die Phase des Süßkirschen-Blühbeginns tritt ein, wenn sich die ersten Blüten vollständig geöffnet haben und die gelben Staubbeutel zu sehen sind.

Vollblüte: Die Vollblüte ist erreicht, wenn sich etwa die Hälfte der Blüten geöffnet haben.

Blütenende: Das Ende der Blüte ist erreicht, wenn etwa 95 % aller Blüten ihre Blütenblätter abgeworfen haben.

Gartenarbeiten in den Erstfrühlingsphasen

Spätestens mit der Blüte der ersten Forsythien hält es kein Gärtner-/innenherz mehr im Hause aus. Jetzt ist das zurückkehrende Leben in der Natur und im Garten unübersehbar. Die Lufttemperatur und die eigentlich entscheidendere Bodentemperatur sind jetzt günstig. Diese beiden Faktoren legen nun die Vegetationsentwicklung fest, aber ohne warmen Boden gedeiht nichts.
Nicht nur im Garten gibt die Forsythie das Startsignal, auch in der Landwirtschaft ist sie die Initialzündung für die Aussaat von Hafer, Kartoffeln und Rüben. Blühen gegen Mitte des Erstfrühlings die Stachelbeeren und die Ahorne, dann kommen die Sonnenblumen in die Erde.

Ab Forsythienblüte

Glashaus: Sellerie, Tomaten, Paprika, Auberginen, Gurken, Zucchini, Brokkoli, Bohnen, Kürbis, Basilikum, Majoran.
Frühbeet: Blumenkohl, Brokkoli, Kohlrabi pflanzen; Knollenfenchel und Kopfsalat für Setzlinge aussäen.
Nutzgarten: Es können Spinat, Pflücksalat, späte Möhren, Mangold, Rote Bete, Erbsen, Bleichsellerie und Petersilie sowie die meisten Kräuter ausgesät und Steckzwiebeln gesetzt werden. Vorgekeimte Frühkartoffeln können jetzt in die Erde – Kartoffeln möchten »die Glocken läuten hören«, d. h., nicht zu tief pflanzen. Erst später, wenn das Kraut etwa 20 cm hoch ist (Frühsommer), sollten sie an-

Vorgekeimte Frühkartoffeln gehören ab der Forsythienblüte in die Erde (nicht zu tief pflanzen).

Vorgezogene Gemüsepflanzen fühlen sich im Freiland ab der Stachelbeerblüte wohl.

gehäufelt oder dicht gemulcht werden. Vor Nachtfrösten schützt ein Vlies.

Obstgarten: Das Pflanzen von Obstgehölzen sollte jetzt beendet sein. Dafür kann mit dem Pfropfen begonnen werden. Für das Pflanzen von Weinreben ist nun eine gute Zeit. Auch die mehrmals tragenden Erdbeersorten sollten zur Forsythienblüte in den Gartenboden oder auf den Balkon. Brombeeren geizt man jetzt am besten aus. Das heißt, die Seitentriebe in den Blattachseln der Jungruten auf zwei bis drei Blätter zurückschneiden. Neu treibende Himbeerruten können komplett entfernt werden, jedoch nicht bei den »Herbsthimbeeren«. Später treibende Ruten tragen bessere Früchte.

Ziergarten: Beste Pflanzzeit für Wasser- und Sumpfpflanzen; die letzten Abdeckungen von den Stauden entfernen, Baumscheiben wieder aufdecken; Stauden, Zier- und Beerengehölze pflanzen; bewurzelte Jungpflanzen von Ausläufern oder Absenkern abtrennen und an den neuen Standort pflanzen. Für Rasenverbesserungsmaßnahmen wie Ausbessern, Vertikutieren, Düngen und Mähen ist zur Forsythienblüte der ideale Zeitpunkt. Topfen Sie jetzt Ihre Zimmerpflanzen um.

Zur Stachelbeerblüte

Nutzgarten: Vorgezogene Gemüsepflanzen können nach Abhärtung ausgepflanzt werden, wie z. B. früher Blumenkohl, Kopfsalat, Eissalat, Rot- und Weißkohl, Kohlrabi, Sommerporree und früher Wirsing. Sie alle vertragen geringen Nachtfrost. Wichtig: Kohlpflanzen, auch Kohlrabi, etwas tiefer, bis zu den Keimblättern, einpflanzen, Kopf- und Eissalat hingegen nicht zu tief setzen. Lauch und Steckzwiebeln mit Vlies zum Schutz vor der

Alte Bauern-, Beobachtungs- und Erfahrungsregeln des Erstfrühlings

- Wenn der April wie ein Löwe kommt, so geht er wie ein Lamm.
- Überall wächst sehr viel Gras, wenn der April ist kalt und nass.
- Kommen die Bienen nicht heraus, ist's mit dem schönen Wetter aus.
- Wenn der April Spektakel macht, dann gibt es Heu und Korn in voller Pracht.
- Bringt der April noch Schnee und Frost, gibt's wenig Heu und sauren Most.
- Siehst du schon gelbe Blümlein im Freien, magst du getrost den Samen streuen.
- April, windig und trocken, macht alles Wachstum stocken.
- Bauen im April die Schwalben, gibt es viel Futter, Korn und Kalben.
- Je früher im April der Schlehdorn blüht, desto früher der Schnitter zur Ernte zieht.
- Marienkäfer, die im April schon schwirren, können im Mai dann erfrieren.
- Wer an Christian säet Lein (3.4.), bringt schönen Flachs in seine Scheun'. An Christiantag fang' zu säen an.
- Der April macht die Blumen, doch der Mai hat den Ruhm.
- Mondhelle Nächte im April schadet der Baumblüt' viel (Nachtfrostgefahr).
- St. Ezechiel (100 Tage nach Neujahr) wird hilfreich sein, säst du an seinem Tage Lein.

Zwiebelfliege spätestens ab der Apfelblüte abdecken.
In den vorbereiteten Gartenboden können Spinat, Gartenkresse, Feldsalat, Palerbsen, Zuckererbsen, Knoblauch, Karotten, Sellerie, Thymian, Petersilie, Lavendel, Schnittlauch, Dill, Kerbel, Kressepflanzen und Steckzwiebeln eingesät oder gesteckt werden.
Obstgarten: Die ideale Zeit für den Erziehungs- und Erhaltungsschnitt bei Pflaumen, Zwetschgen, Mirabellen und Aprikosen. Die Schnittmaßnahme kann noch bis zur Zeit des Austriebs der jeweiligen Art erfolgen. Etwa ab der Löwenzahnblüte bis in den Vollfrühling ist die ideale Pflanzzeit für Pfirsiche, Aprikosen, Walnüsse, Weinreben und Brombeeren.
Ziergarten: Sommerblumenaussaat Vorkultur; Anlegen einer Blumenwiese, Dahlien und Gladiolen pflanzen, Begonien vortreiben.
Der Frühjahrsschnitt bei Rosen kann noch fortgesetzt werden; erster Rasenschnitt. Gehölze, die am einjährigen Holz blühen, jetzt zurechtschneiden.
Sonstiges: Pflanzenschutzmaßnahmen gegen Apfelmehltau, Blattwanzen, Frostspanner, Gemüsefliegen, Gespinstmotten, Kirschenblattlaus, Kohlweißling, Lilienhähnchen, Milchglanzkrankheit und die Mehlige Apfelblattlaus können jetzt durchgeführt werden.
Ernte: Es können jetzt auf dem Speise- bzw. Erntezettel stehen: Salat, Radieschen und Spinat aus dem Gewächshaus. Im Freiland reifen Feldsalat, Rhabarber, Löwenzahn, Gänseblümchen, Erdbeerblätter, Beinwell, Brunnenkresse, Gundermann, Liebstöckel, Rosmarin und Schlüsselblume. Den ersten Spargel kann man jetzt unter Folie ernten.

Der Salatfahrplan durch die Jahreszeiten

Eines der ersten Gartengemüse, die ein jeder zu kultivieren beginnt, dürfte wohl die Salatpflanze sein. Frisches »sauberes« Gemüse aus dem eigenen Garten oder sogar Balkonkasten, und das das ganze Jahr, ist das millionenfache Ziel von Gartenfreunden. Mit der richtigen Salatsortenauswahl sowie dem richtigen Sä- oder Pflanzungszeitpunkt ist das kein Problem mehr. In der kalten Jahreszeit sorgen Gewächshaus, Frühbeet, Folientunnel oder Wintergarten für eine kontinuierliche Versorgung.

Feldsalat: Aussaat zur Ebereschenfruchtreife (Spätsommer) – Ernte Vollherbst bis Winter (Abdeckung unter Folie oder Vlies). Aussaat zur Fruchtreife des Schwarzen Holunders (Frühherbst) – Ernte im Frühling.

Chinakohl: Dieser reagiert auf die Tageslänge und muss in der Zeit zwischen dem 12. bis 20. Juli ausgesät werden.

Endivien: Aussaat zur Blüte Schwarzer Holunder (Frühsommer) – verpflanzen im Hochsommer – Ernte ab Fruchtreife Rosskastanie.

Eissalat: Aussaat zur Himbeerblüte (Vollfrühling) bis spätestens Beginn Blüte falscher Jasmin (Mitte Frühsommer) – verpflanzen ab Fruchtreife Rote Johannisbeere (Hochsommer) – Ernte etwa ab Fruchtreife Birne oder Schwarzer Holunder (Frühherbst).

Kopfsalat: Setzlinge im Frühbeet ab Blüte Huflattich (Ende Vorfrühling), im Freiland ab Stachelbeerblüte (Mitte Erstfrühling) – Aussaat Freiland ab Vollfrühling. Haupterntezeit Mai bis Juli, je nach Sorte auch spätere Kulturen und Ernte bis in den Winter.

Pflücksalat: Aussaat Frühbeet nach Schneeglöckchenblüte (Vorfrühling), Freiland ab Blüte Forsythie (Erstfrühling) bis Blüte Sommerlinde (Hochsommer) – Ernte ab Mitte Erstfrühling bis Spätherbst möglich.

Spinat: Aussaat zur Überwinterung zur Rosskastanie Fruchtreife (Frühherbst) für Ernte im Frühjahr. Aussaat Freiland ab Huflattichblüte (Ende Vorfrühling) – Ernte ab Vollfrühling.

Radicchio: Aussaat von Blüte Schwarzer Holunder (Frühsommer) bis Blüte Sommer-Linde (Hochsommer) – Ernte ab Spätherbst (Herz nicht schneiden, Köpfe wachsen nach). Die Sorte »Veroneser« überwintert gut.

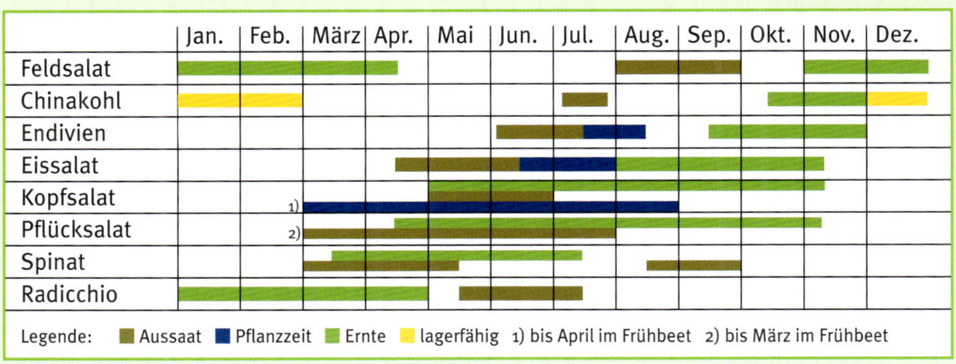

Der Vollfrühling

Die dritte phänologische Jahreszeit – zwischen Ende April bis Ende Mai – geht aus von Portugal und Spanien (oft schon vor dem 1. April) und zieht über die Frühlingsinsel Mainau und die Bergstraße bis Ende Mai ins Norddeutsche Tiefland. Von dort breitet sich der Vollfrühling nach Nordosteuropa weiter aus. Für die Strecke von annähernd 3 600 km braucht der Vollfrühling etwa 95 Tage und zieht somit mit einer Durchschnittsgeschwindigkeit von etwa 40 km/Tag durch Europa. Eine warme Periode von 2–3 Tagen kann den Vollfrühling 1 000 km voranbringen.

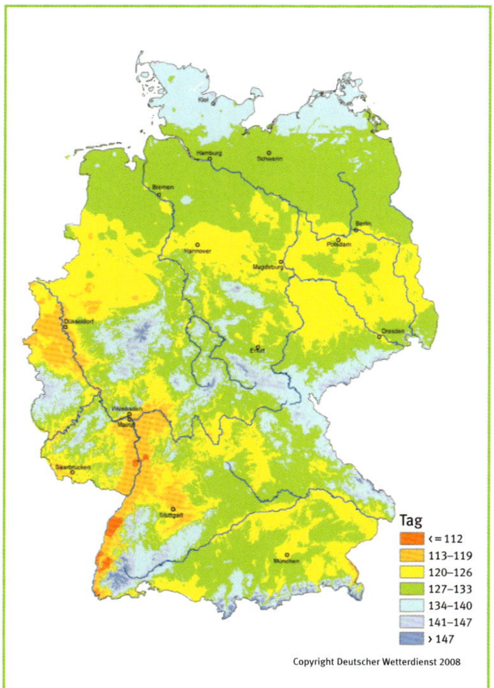

Apfel – Beginn der Blüte (1961–1990)

Leitphase: Apfel – Beginn der Blüte; Stiel-Eiche – Beginn der Blattentfaltung (Ersatzphase)

Ende: Wiesen-Fuchsschwanz – Beginn der Blüte; Himbeere – Blüte

Wann der Vollfrühling den Vorfrühling ablöst, erkennen wir an der Blattentfaltung der Stiel-Eiche und vor allem an der nicht zu übersehenden Blüte des Apfelbaumes. Der Vollfrühling, den wir mit dem Monat Mai gleichsetzen, ist uns seit alter Zeit als Wonne-, Liebes- und Blumenmonat bekannt und weckt in jedem Lebewesen erneut die Lebensgeister. Neben der Blütenexplosion der Stauden, Büsche und Bäume merken wir spätestens an dem vielfältigen Konzert der Vögel, wie sehr der Vollfrühling uns zutiefst berührt.

Im Vollfrühling bieten die blühenden Blumen und Sträucher wie sonst zu keiner Zeit im Jahr dem aufmerksamen Naturliebhaber ein wahres Duftfeuerwerk. Angefangen vom frischen Geruch der feuchten Wälder, bis hin zu den unterschiedlichsten Duftnuancen der Frühlingsblüher. Der schwer wirkende Duft der Traubenkirsche lockt besonders die Honigbienen an. Der süßliche Geruch der Weißdornblüten hingegen wird von empfindlichen Menschen als eine leicht an Aasgeruch erinnernde Nuance wahrgenommen. Das bestätigen auch Schmeißfliegen und Käfer, die bevorzugt die leicht zugänglichen Tellerblüten des Weißdorns besuchen. Allein der Duft bestimmt hier schon den jeweiligen Bestäuber. Später zieht auch wieder der unverwechselbare Duft von Maiglöckchen durch die Gärten und in unsere Nasen – als wären sie zu nichts anderem geschaffen. Früher glaubte man, dass die giftige Pflanze den Tränen entsprungen sei, die Maria am Kreuz zu Füßen Jesu vergoss, weswegen auf vielen Gemälden das Maiglöckchen zu Füßen Marias dargestellt ist. Der Duft der Pflanze soll einem dazu verhelfen, dem Alltag zu entfliehen. Doch Vorsicht: So anmutig uns die Maiglöckchen auch erscheinen, sie sind giftig und man sollte Kinder und Haustiere von ihnen fernhalten!

Im Vollfrühling wird die Vegetation »blickdicht« und das frische Laub dient der Pflanze zur Synthese von Zuckern, was wiederum die Lebensgrundlage vieler Pflanzenfresser ist, insbesondere der von größeren, anspruchsvolleren Tierarten. Garten- und Naturbeobachter haben jetzt viel zu tun, wenn sie nichts verpassen möchten.

Jeder warme Regenguss lässt Garten und Natur regelrecht explodieren und man nimmt deutlich wahr, wie das frische Grün erneut Einzug hält. Die Blütenfarbe des Vollfrühlings ist allerdings weniger spektakulär. Hier dominiert zunächst die Farbe Weiß, sie färbt fast alle Obstgärten ein und überzieht mancherorts ganze Heckenstreifen. Das Laubdach wird dichter, die sprießenden Frühlingsboten unter den Bäumen rücken in den Schatten und an sonnigen Stellen durchbrechen lebenshungrige Pflanzen die schwere Erde. Die Rotbuchenblätter beginnen sich zu entfalten. In den Nadelwäldern zeigen Fichten, Kiefern und Tannen ihre hellgrünen Maitriebe.

Im Vollfrühling blüht auch das Maiglöckchen (giftig!). Der Duft ist sprichwörtlich.

Nach dem triumphalen Einzug blühender Bäume und Sträucher folgen die weithin gelb leuchtenden Rapsfelder und natürlich die überall präsenten, kräftig gelb blühenden Löwenzahnblüten, die zunächst von den weißen Blütendolden des Wiesenkerbels eingerahmt und später abgelöst werden. Beide Pflanzen machen sich die reichlich gedüngten Wiesen zunutze. Weiß, gelb und blau präsentieren sich nun die Wiesen. Die in großer Zahl vorkommenden gelben Blüten sollen uns schon einen Vorgeschmack auf den Sommer geben. Im Volksmund heißt es, dass die kalte Zeit flüchtet, wenn gelbe Blumen auf den Wiesen blühen.

In krautreichen Laubwäldern fällt jetzt besonders der blühende, scheinbar überempfindliche Sauerklee auf. Überempfindlich deshalb, weil seine kleeblattartigen Laubblätter besonders empfindlich auf Wetteränderungen reagieren. Die Blätter entfalten sich bei Sonnenschein und mildem Wetter waagerecht, bei

Die Blüten der Rosskastanie haben etwas Besonderes. Anfang Vollfrühling öffnen sie sich mit einem gelben Fleck. Färbt er sich rötlich, sind sie bestäubt und werden nicht mehr besucht.

Regen oder Dunkelheit klappen sie nach unten und gehen in Schutzstellung. Der Sauerklee kann uns so nebenbei gut als Wetteranzeiger dienen.

Der Duft der Rosskastanie und auch der unverwechselbare Duft des Flieders sowie der des Goldregens zeigen die Vorherrschaft dieser Pflanzen am Anfang der Vollfrühlingsphase. In den kommenden Wochen gehen Kartoffeln und Futterrüben auf, die Halme des Wintergetreides schieben sich nach oben und die ersten Ähren des Winterroggens können schon aus der obersten Blattscheide hervorlugen. Überall herrscht üppiges Blühen und die Wälder werden frischgrün. Man findet jetzt gehäuft gelben Blütenstaub, der auf Pfützen und Regentonnen als weißlich-gelblicher Film auf dem Wasser zu sehen ist. Gegen Ende der Vollfrühlingsphase blühen die ersten Gräser, die Wiesen werden das erste Mal gemäht. Die letzte Frühlingsphase räumt das Feld für den Frühsommer.

Eine alte Bauernregel bezieht sich auf das Ende des Vollfrühlings, sie verspricht: *»Wenn die Esche Knospen trägt, gibt's keinen Frost mehr.«* Können Bäume Frost erahnen? Die Blüten der Esche sind sehr frostempfindlich. Die Natur hat es so eingerichtet, dass ihre Knospen erst bei einer günstigen Großwetterlage auszutreiben beginnen. Die Blüte der Esche fällt dann meist in eine günstige Zeit ohne Nachtfröste. Sehen wir eine blühende Esche, so ist also nur noch selten Nachtfrost zu erwarten.

Übersicht über die Vollfrühlingssignalpflanzen

	Natur	Landwirtschaft	Obstgarten
Anfang	Stiel-Eiche – Blattentfaltung	Winterweizen – Beginn des Schossens	
			Apfel – Beginn der Blüte; Sauerkirsche – Vollblüte
		Sonnenblumen – Auflaufen	Süßkirsche – Ende der Blüte
	Fichte – Maitrieb	Winterraps – Blüte	
			Weinrebe – Austrieb
	Esche – Blattentfaltung		Birne – Ende der Blüte; Apfel – Vollblüte
	Rosskastanie – Beginn der Blüte	Sonnenblume – Blattbildung	
	Flieder – Beginn der Blüte; Kiefer – Maitrieb; Goldregen – Beginn der Blüte		Sauerkirsche – Ende der Blüte
Mitte	Zweigriffliger Weißdorn, Eberesche – Beginn der Blüte		
		Mais – Auflaufen	Apfel – Ende der Blüte; Weinrebe – Blattentfaltung
	Kiefer – Beginn der Blüte	Hafer – Beginn des Schossens	
Ende	Wiesen-Fuchsschwanz – Beginn der Blüte	Winterroggen, Wintergerste – Ährenschieben	
	Wiesen-Fuchsschwanz – Vollblüte	Mais – Beginn des Schossens; Kartoffel – Bestandsschluss	
		Dauergrünland – erster Grasschnitt (Heu); Dauergrünland – erster Silageschnitt	Himbeere – Beginn der Blüte

Tierphänologie des Vollfrühlings

Vogelkonzert – frühmorgens besonders lautstark
Mehlschwalbe – Rückkehr
Mauersegler – Rückkehr
Hasen – erste Luftsprünge
Maikäfer – erste Käfer
Blesshühner – erste Küken auf dem Teich
Laubfrosch – erste Rufe
Bienen – Schwärmen
Turteltaube – erste Paare Sichtung
Fledermaus – erste fliegende Tiere

Leitpflanzen des Vollfrühlings

Apfel

(Malus domestica)

Im Volksmund: Affalter oder Holzapfel

Phänologische Gesamtphasen: Beginn des Austriebes, Beginn der Blüte um den 30. 4., Vollblüte, Ende der Blüte, Beginn der Pflückreife um den 8.8., Blattfall

An den (ersten) Apfelblüten kann man sehen, wie schnell der Vollfrühling übers Land zieht.

Das erwartete Signal für den Beginn des Vollfrühlings ist eigentlich die Blattentfaltung der Stiel-Eiche, aber offensichtlicher lässt es sich an der Volksfrucht der Deutschen, dem Apfel, beobachten. Erblüht der Obstbaum, so ist für uns der Vollfrühling ins Land gezogen. Die Blütenknospen öffnen sich zuerst im Südwesten und ca. 16 Tage später im Nordosten. Dass die allgemeine Witterung dabei eine große Rolle spielt, zeigen die Datenreihen aus 30 Jahren vom Hohenpeißenberg. Dort öffneten sich die Apfelblüten am 18. 4. 1974 am frühesten und am 6. 6. 1970 am spätesten. Für Biologen und Klimaforscher gilt die Apfelblüte als definitives Zeichen für den Einzug des Frühlings in der Natur. Die Apfelblüte als Frühlings- und Klimaindikator zeigt an, wie der Frühling langsam von den warmen auf die kühleren Gegenden des Kontinents übergreift.

Die Blütephasen des Apfels sind eine der längsten Datenreihen der phänologischen Beobachtung. Da die gesamte Entwicklung des Apfels stark sortenabhängig ist, sollten für die Beobachtung eine früh- und eine spät blühende Sorte gewählt werden. Um genaue Datenreihen zu erhalten, muss man immer die gleichen Bäume einer Sorte möglichst über mehrere Jahre hinweg beobachten. Apfelbäume aus dem eigenen Garten sind natürlich immer geeignet, sofern man sie über Jahre phänologisch beobachtet.

Austrieb: Schon vor dem Beginn des Austriebs schwellen die Knospen an und begin-

Eine weitere Leitpflanze des Vollfrühlings ist der erblühende Flieder. Diese Entwicklungsphase gilt als idealer Zeitpunkt für größere Veränderungen oder die Neuanlage eines Teiches.

nen sich zu strecken. Die Phase des Austriebs ist erreicht, wenn die ersten Knospen aufbrechen und das Blattgrün sichtbar wird.

Blüte: Kurz nach der Blattentfaltung beginnt der Apfelbaum zu blühen. Die anschwellenden Blütenknospen werden kugelig, die Laubblätter spreizen sich ab und lassen die dunkelrosarote Zentralblüte, später auch die anderen Blüten sichtbar werden. Die Blütenkugeln werden immer weißer und größer, bis sich zuerst die Zentralblüten öffnen. Der Anfang der Blüte ist erreicht, wenn die erste Blüte des Blütenstands vollständig geöffnet ist. Das ist etwa eine Woche nach der Birnenblüte im Erstfrühling der Fall.

Vollblüte: Die Phase der Vollblüte gilt als wichtige Zeitmarke für Pflanzenschutzmaßnahmen gegen die Eiablage der Rübenfliege. Die Phase der Vollblüte ist erreicht, wenn der Baum über 50 % der Blüten geöffnet hat und optisch voll aufgeblüht ist.

Blütenende: Am Ende der Blüte lassen sich schon sehr kleine Früchte erkennen. Der Baum hat dann bereits 95 % seiner Blütenblätter verloren.

Flieder, Gemeiner
(Syringa vulgaris)

Im Volksmund: Lila und Lilak

Phänologische Phase: Beginn der Blüte um den 5.5.

Der Vollfrühling überschüttet uns mit einer wahren Flut herrlichster Blüten. Der Flieder öffnet zu diesem Zeitpunkt seine weißen, blassblauen oder dunkelvioletten Blüten mit ihrem unverwechselbaren Duft. Für viele Menschen ist der blühende Flieder der Inbegriff

Die langen Blütenstände der Leitpflanze des Vollfrühlings, der Stiel-Eiche, öffnen sich.

für den Frühlingsmonat Mai und unverzichtbar in einem richtigen Frühlingsgarten.

Blüte: Haben sich die unteren Einzelblüten mehrerer Rispen geöffnet, beginnt die einzige phänologische Phase des Flieders, der Beginn der Blüte.

Zur phänologischen Beobachtung sind ferner geeignet: der Persische Flieder *(Syringa persica* L.) mit schmaleren, lanzettförmigen Blättern und bläulichen Blüten; der Chinesische Flieder *(Syringa chinensis* W.) mit eiförmig-lanzettlichen Blättern und sattvioletten bis lila-rötlichen Blüten. Erst im Früh- bis Hochsommer blüht der Ungarische Flieder *(Syringa josikaea* Jacq.). Dadurch fällt er aus den phänologischen Beobachtungen heraus. Der Ungarische Flieder hat schmale, bis 20 cm lange, auf der Unterseite weißlich-graugrüne Blätter und dunkelviolette, lange, schmale Blütenrispen.

Stiel-Eiche

(Quercus robur, Q. pedunculata)

Im Volksmund: Deutsche Eiche, Dair (keltisch) oder Sommereiche

Phänologische Phasen: Beginn der Blattentfaltung um den 2.5., Fruchtreife um den 15.9., Blattverfärbung um den 16.10., Blattfall um den 4.11.

Unterscheidungsmerkmale der Eichen

	Stiel-Eiche	Trauben-Eiche
Blätter	Bis zu 7 mm kurz gestielter Stiel, gehörnt am Grund.	15 mm lang gestielt, ohne Hörnchen, am Grund gerundet oder verschmälert in die Stiele auslaufend.
Fruchtstand	3–8 cm lang gestielt (namensgebend).	Kurz gestielt (maximal 1 cm kurzer Stiel) oder sitzend.
Früchte (Eicheln)	Grünlich-braune Längsstreifen (gut durch Anfeuchten zu erkennen).	Keine Längsstreifen.

Zur phänologischen Beobachtung der Stiel-Eiche zählen die Leitphasen der Blattentfaltung als Anzeiger für den Vollfrühlingsbeginn und im Herbst die Fruchtreife (Anfang Vollherbst), die Blattverfärbung (Ende Vollherbst) und der Blattfall (Spätherbst). Bei der Beobachtung kann die Stiel-Eiche leicht mit der Trauben-, Stein- oder Wintereiche verwechselt werden. Bei der sicheren Unterscheidung soll daher die Tabelle links helfen.

Blattentfaltung: Von allen Laubbäumen treibt die Eiche zusammen mit der Esche erst ziemlich spät aus. Die Phase der Blattentfaltung ist erreicht, wenn sich die ersten Blätter voll entfaltet haben. Gleichzeitig entwickeln sich schon die Blütenstände.
Für einen Baum kann es zwischen den verschiedenen Ästen im Blattaustrieb zeitliche Unterschiede von bis zu zwei Wochen geben. Um die Jahresmitte kommt es zu einer Besonderheit, nämlich zu einer zweiten Blattentfaltung, das sind die sogenannten Johannistriebe, die phänologisch nicht verwertet werden. Einzelne, eigentlich für das Folgejahr angelegte Knospen treiben dann aus. Die Triebe sind an der frischen, teilweise rötlichen Farbe zu erkennen.

Esche, Gewöhnliche oder Gemeine

(Fraxinus excelsior)

Im Volksmund: Asche, Geisbaum, Oesch, Wundbaum
Phänologische Phasen: Beginn Blattentfaltung um den 6. 5., Beginn der Blüte um den 1. 5.

Entfalten sich die Blätter der Esche, können frostempfindliche Pflanzen in den Garten.

Den phänologischen Wendepunkt vom Erst- zum Vollfrühling markiert die unscheinbare Blüte der in den ersten Jahren besonders schnellwüchsigen Esche.

Blattentfaltung: Wegen der Frostempfindlichkeit der unpaarig in sieben bis neun Einzelblättchen gefiederten Eschenblätter entwickelt sich ihr zartes Grün erst zu Beginn des Vollfrühlings, also lange nach der Blüte. Hildegard von Bingen beschrieb sie deshalb als »ein Sinnbild der besonnenen Einsicht«.
Die Phase der Blattentfaltung ist erreicht, wenn sich die Teilblättchen völlig ausgebreitet haben.
Blüte: Die Blüten der Esche besitzen weder Kelch- noch Kronblätter. Während der Blüte fallen die purpurroten Staubbeutel auf, wodurch die Blütenstände farbig erscheinen. Überleitend in den Vollfrühling ist die Blüte der Esche noch vor dem Blattaustrieb.

Erblüht der Wiesen-Fuchsschwanz, beginnt wieder die leidliche Heuschnupfenzeit.

Die Phase ist erreicht, wenn die ersten purpurroten Staubbeutel von männlichen oder zwittrigen Blüten aufbrechen und Pollen abgeben.

Wiesen-Fuchsschwanz
(Alopecurus pratensis)

Im Volksmund: Eselsgras, Hundegras, Rattenschwanz, Fuchswedel, Haarzieher oder Roggengras
Phänologische Phasen: Beginn der Blüte um den 30. 4., Vollblüte

Der Wiesen-Fuchsschwanz wird leicht mit dem Wiesen-Lieschgras *(Phleum pratense)* verwechselt. Der Unterschied besteht darin, dass der Blütenstand des Wiesen-Fuchsschwanzes nur eine rispige Scheinähre ist. Dies kann man gut sehen, wenn man sie über den Finger biegt, dann treten die einzelnen Rispenästchen deutlich hervor. Ferner ist der Blütenstand des Wiesen-Fuchsschwanzes an seinem oberen Ende etwas zugespitzt.

Blüte: Als eines der frühesten blühenden Gräser ist natürlich phänologisch die Blüte interessant. Beobachtet werden sollten nur Gräser auf Wiesen, da ähnliche, jedoch einjährige Arten vermehrt an Wegrändern vorkommen. Der Blütebeginn dieses Grases gilt als eine sehr wichtige Phase für den Polleninformationsdienst, weil zu diesem Zeitpunkt allgemein die Grasblüte beginnt, die wiederum den weitverbreiteten Heuschnupfen verursacht. Die erste zu beobachtende Phase, der Beginn der Blüte, ist erreicht, wenn sich die ersten Blüten öffnen und die violetten Staubbeutel sichtbar werden.
Vollblüte: Bei warmer, sonniger Witterung folgt schon rasch die nächste Phase, wenn an zahlreichen Ährenrispen die Staubbeutel heraushängen und bei Berührung Blütenstaub abgeben – die Vollblüte.
Ist das Gras abgeblüht, nehmen die Staubbeutel allmählich eine braunrote Farbe an, die Blütenrispe lockert auf, färbt sich braun und ähnelt dann dem namensgebenden Fuchsschwanz.

Gartenarbeiten in den Vollfrühlingsphasen

Der Vollfrühling setzt bei einer allgemeinen Bodentemperatur von etwa 7,5 °C ein, bei der Apfelbäume mit ihrer Blüte beginnen und die Süßkirsche ihre Blüte bereits beendet. Die

Apfelbaumblüte ist in der Natur ein wichtiger Frühlingsindikator, der sehr genau auf lokale Gegebenheiten reagiert. So erblüht der Apfelbaum in Regionen mit vom Meer beeinflussten Klima wie Schleswig-Holstein sowie besonders in den Mittelgebirgen relativ spät, während in klimatisch begünstigten Regionen wie der Rheinebene die Blüte fast drei Wochen eher einsetzt. Die Blüte reagiert dabei aber nicht nur auf die aktuelle Bodentemperatur, sondern sie erlaubt eine Prognose auf der Grundlage der vorangegangenen Klimadaten wie der Anzahl und Stärke der Frosttage, der Niederschlagsmenge, der Luft- und Bodentemperatur sowie der Sonnenscheindauer und -intensität. Die auffällige Apfelblüte hinterlässt in der Phänologie einen deutlichen »Fingerabdruck« des Naturfortschritts bis in die kleinflächigsten Regionen. Der Blühzeitpunkt der Apfelbäume kann schon innerhalb eines Ortes je nach Höhenunterschied um bis zu drei Tage differieren. Ganz zu schweigen von benachbarten Regionen, wie z. B. der Warburger Börde, die etwa 40 km vom Paderborner Land entfernt und durch einen Höhenzug (Eggegebirge) davon getrennt ist. Auf dieser kurzen Distanz liegen immerhin etwa 7–10 Tage Vegetationsunterschied. Klar, dass im begünstigten Gebiet die Saat oder die Pflanzen eher in den Boden können.

Ab Apfelblüte

Unter Glas: Zucchini und Gurke vorziehen; Tomaten und Paprika pflanzen, empfindliche Sommerblumen vorziehen. Unter Glas oder Folie sind die Vorkulturen von Kürbis, Aubergine und Stangenbohnen erfolgversprechend.
Nutzgarten: Neben Erst- und Folgesaaten von Erbsen, Spinat, Radieschen und Mairettich folgen jetzt noch Pflücksalat, Möhren, Rote Bete, Schwarzwurzeln und Sommerrettich. Ferner können ins Freie Mais, Flachs, Mangold, Kohl, Brokkoli, Bohnen und Chicorée gesät werden.
Ziergarten: Jetzt, wo der Boden schon etwas erwärmt ist, sind Nadelgehölze gut zu pflanzen. Idealerweise pflanzt man sie an einem trüben, regnerischen Tag. Nachbesserungen an Rasenflächen oder gar eine Neueinsaat sind nun ebenfalls günstig.
Mindestens einmal in seinem Leben stellt sich jeder Gartenbesitzer die Frage: Wann sollte man Rasen säen? Jetzt, zur Apfelblüte, ist die beste Zeit für eine Rasenneuanlage und dann wieder im Vollherbst, wenn die Eicheln reif sind.

Zur Zeit der Apfelblüte sind Ausbesserungen am Rasen oder Neueinsaaten günstig.

Alte Bauern-, Beobachtungs- und Erfahrungsregeln des Vollfrühlings

- Ist der Mai recht heiß und trocken,
  kriegt der Bauer kleine Brocken,
  ist er aber feucht und kühl,
  gibt es Frucht und Futter viel.
- Abendtau und kühl im Mai,
  bringt viel Wein und bringt viel Heu.
- Vom 8. bis 14. Mai müssen Bohnen und Gurken in den Boden nei.
- Ein kalter Mai tötet das Ungeziefer und verspricht eine gute Ernte.
- Gedeiht die Schnecke und die Nessel,
  füllt sich Speicher und das Fassel.
- Fliegen viele Käfer im Mai,
  kommt ein gutes Jahr herbei.
- Je mehr die Maikäfer verzehren,
  umso mehr wird die Ernte bescheren.
- Wenn im Mai die Wachteln schlagen,
  künden sie von Regentagen.
- Ein Bienenschwarm im Mai ist wert ein Fuder Heu, denn viele Bienenschwärme im Mai bringen viel Heu.
- Weben die Spinnen tüchtig im Freien,
  lässt sich gutes Wetter prophezeien,
  weben sie nicht,
  wird's Wetter sich wenden,
  geschieht's bei Regen,
  wird der Regen bald enden.
- Grünen die Eichen vor dem Mai,
  zeigt's, dass der Sommer fruchtbar sei.
- Blüht die Esche vor der Eiche,
  gibt es eine schöne Bleiche.
- Wenn im Mai der Holler blüht,
  wird's im ganzen Jahre kühl.

Knollen und Zwiebeln der nicht winterharten Zierpflanzen können in den Boden, wie Gladiolen, Montbretien, Tigerblumen, Sommerhyazinthen, Gartenfreesien und Sterngladiolen. Erst nach der Eschenblüte kommen Dahlien in die Erde.
Robuste Kübelpflanzen wie Feige, Hanfpalme, Oleander und Lorbeer dürfen nun nach draußen. Sie vertragen geringe Frostgrade.
Ernte unter Glas und Folie: Salat, Radieschen, Kohlrabi, Mairüben, Spinat und vor allem das Königsgemüse – der Spargel. Mit einer Bodentemperatur von etwa 12 °C fängt der Spargel langsam zu wachsen an. Ab etwa 16 °C beginnt eine lohnenswerte Ernte. Um diese Temperaturen und damit ein beschleunigtes Wachstum zu erreichen, werden die meisten Spargelkulturen unter Folie angelegt. Ernte im Garten: Rhabarber, Estragon; in der Natur: Waldmeister, Birkenblätter, Löwenzahn, Giersch.

Im Freiland, vor den Eisheiligen (ab Fliederblüte)

Nutzgarten: Aussaat Sommerradieschen, Karotten, Pastinaken, Chicorée, Erbsen, Mangold, Rote Bete, Spinat.
Pflanzung von Herbstkohl, Kartoffeln, Porree, Winterlauch, Rotkohl, Kohlrabi und Kopfsalat.
Obstgarten: Die Erdbeeren sollten jetzt gemulcht werden, Baumscheiben düngen und ggf. wässern. Noch ist es Zeit, Obstgehölze (nicht Steinobst!) zu veredeln.
Ziergarten: Abgeblühte Zwiebelgewächse zurückschneiden, Blätter stehen lassen; Sommerblumensaat, z. B. von Ringelblume,

Kornblume, Tagetes, Bechermalven, Sonnenblumen, Astern. Frostempfindliche Kübelpflanzen können jetzt ins Freie, aber noch Folien zum Abdecken bei drohendem Nachtfrost bereithalten. Nur die robusteren Sorten, wie der mediterrane Oleander, vertragen wenige Minusgrade! Die Zeit der Fliederblüte gilt als idealer Zeitpunkt für die Neuanlage eines Teichs.
Ernte oder Sammeln in der Natur: den letzten Waldmeister, Fichtenwipfel, Birkenblätter, Brennnessel, Rosskastanienblüten und Weißdornblüten.

Nach den Eisheiligen oder nach der Eschen-Blattentfaltung

Nutzgarten: Stangen- und Buschbohnen, Zuckermais sowie Gurken werden gelegt, vorgezogene Auberginen, Artischocken, Brokkoli, Gurken, Knollensellerie, Rosenkohl, Tomaten und Zucchini können jetzt ins Freiland. Neuseeländer Spinat, Weiß- und Rotkohl, Grünkohl und Rosenkohl kommen ins Saatbeet. Auch alle Folgesaaten der vorangegangenen Phasen sind noch möglich.
Ziergarten: Frühlingsblühende Sträucher auslichten, einjährige Sommerblumen säen, Balkonkästen bepflanzen, Polsterstauden verpflanzen oder teilen und sommerblühende Knollen- und Zwiebelgewächse stecken.
Sonstiges: Alle frostempfindlichen Blumen pflanzen; Rasenneueinsaat; mulchen. Aufkeimende Beikräuter sollten regelmäßig gejätet werden. Die überwinterten Kübelpflanzen können ins Freie gestellt werden. Frische Triebe benötigen eventuell Sonnenschutz.

Frostempfindliche Kübelpflanzen dürfen zur Eschen-Blattentfaltung an die frische Luft.

Ernte: Die Heuernte leitet schon allmählich in den Frühsommer über, der mit der Blüte des Schwarzen Holunders beginnt. Auch die Spargelernte im Freiland (ohne Folie) beginnt. Sie findet etwa ab der Löwenzahnblüte bis zum sogenannten Spargelsilvester am 24. Juni, die Zeit der reifen Kirschen, statt. Danach müssen die Spargelstangen wachsen, um Kraft für das nächste Jahr zu sammeln.

Der Sommer

In der Natur ist der Sommer die Zeit des Heranwachsens und der Reife. Sein Verlauf ist in keinem Jahr gleich. Zu ihm zählen die Jahreszeiten der Natur

- **Frühsommer**
- **Hochsommer**
- **Spätsommer**

Der Sommer wird von einer typischen Großwetterlage (Druckunterschiede zwischen maritimen und kontinentalen Luftmassen) sowie regionalen geografischen Gegebenheiten entscheidend beeinflusst. Er wird eingeleitet von der Blüte des Holunders und endet mit der Reife früher Äpfel.

Die Zeit der Reife

In unseren Breitengraden sehnen sich die meisten Menschen nach dem Sommer. Sommer bedeutet für uns Sonne und Wärme, laue und lange Sommerabende, Ferien und Urlaub, Sport, Spiel und Spaß im Freien. Der Sommer wurde zum Thema der lyrischen Werke vieler Dichter wie Theodor Storm, Johann Wolfgang von Goethe, Theodor Fontane und Heinrich Heine. Die Sonnenstrahlen durchfluteten ihre Gefühle, Lebenseinstellungen und Seelen, um sie zu den unvergesslichen Gedichten zu inspirierten, die sie uns hinterlassen haben.

Die länger werdenden Tage wirken intensiv auf viele Organismen. Einige Pflanzen zeigen unter Langtagsbedingungen ein ganz anderes Verhalten als bei winterlichen Kurztagen und überlassen die Steuerung von Blütenbildung, Wachstum und Ruhezeit nicht mehr ausschließlich der Umgebungstemperatur. Auch bei den Tieren wirken sich die Lichtverhältnisse auf artspezifische zyklische Verhaltensweisen wie das Balz- und Nistverhalten aus. Es ist sogar möglich, durch Licht wirksam diesen natürlichen Taktgeber zu beeinflussen. Beispielsweise kann durch Zusatzlicht im Hühnerstall die ursprünglich ausschließlich im Sommer stattfindende Legeperiode von Geflügel wesentlich verlängert werden.

Der Sommer ist aber vor allem die Zeit der Reife in der Natur. Alles, was im Innern der Pflanzen schon keimhaft angelegt war, entfaltet sich jetzt auch äußerlich zu voller Pracht. Eine Pracht, von der wir alle abhängig sind. Zu allen Zeiten sahen die Bauern mit sorgendem und zuversichtlichem Auge dem Blühen, Wachsen und Reifen der Saaten entgegen, denn die Arbeit eines ganzen Jahres zeigt sich in dem Erfolg oder Misserfolg unserer Ernten. Eine gute Ernte ist schicksalhaft von der Witterung abhängig und mit ihr verbinden sich die Erwartungen eines ganzen Jahres. Viele Naturgewalten wie Nässe, Kälte, Dürre, Sturm und Hagelschauer vermögen diese Hoffnung in wenigen Augenblicken zu zerschlagen. Nur

Sommerfarben

Der Sommer mit seiner explosiven, vielseitigen, aber dennoch gedämpften Farbenpracht, das Gelb der Sommerblumen und der reifenden Getreidefelder und das ausgebleichte Braun der trockenen Erde werden erfrischt durch das satte bläuliche Rot der ersten Früchte. Räume, die in Sommerfarben gestaltet werden, wirken meist elegant, repräsentativ und auf angenehme Weise kühl. Räume in sommerlichen Farben können ein südliches Flair ausstrahlen. Sommer- wie Winterfarben beinhalten Blau als Grundton und wirken besonders durch ihre kühle und klare Ausstrahlung. Die Sommerfarben wirken jedoch leicht verwischt und weich, wie durch eine Dunstglocke betrachtet. Die Farben des Winters wirken im Gegensatz dazu beinahe schon grell.

Die Sonnenblume ist ein Hochsommerblüher. Sind ihre Blütenköpfe voll ausgebildet, bleiben sie fast ausnahmslos in östlicher Richtung stehen und können so als Kompass dienen.

wer sich vergegenwärtigt, wie verbunden unsere Vorfahren mit ihren Feldern und deren kostbarem Gut waren, wird verstehen, wie bedeutsam all die kleinen Zeichen der Natur sind, die Rückschlüsse auf die Witterung und das natürliche Umfeld geben. Jede Reifephase wurde daher mit Argusaugen verfolgt.

Wann beginnt der Sommer?

Der Sommer beginnt nach unserem gewohnten astronomischen Kalender zur Sommersonnenwende am 21. Juni, doch die Meteorologen und Phänologen richten sich nach anderen Daten. Der meteorologische Sommeranfang ist bereits am 1. Juni. So lassen sich, wie auch für die anderen Jahreszeiten, Wetter- und Klimadaten von Meteorologen weltweit besser erfassen und miteinander vergleichen. Der meteorologische Sommer ist identisch mit den Monaten Juni, Juli und August. Während dieser Periode überwiegt bei uns der Einfluss subtropischer Hochdruckgebiete, wie z. B. des Azorenhochs. Die deutlich stärkere Sonneneinstrahlung erwärmt bodennahe Luftschichten tagsüber recht stark, sodass bei der Temperatur ein größerer Unterschied im Verlauf eines Tages auftritt. Nur in Küstennähe ist dieser Effekt durch einen ausgleichenden Einfluss des Meeres gedämpft. Schwülheiße Witterungsperioden mit lokalen Wärmegewittern und auch ein Durchzug von Kaltfronten können vor allem im Hochsommer heftige Frontgewitter mit Starkregen und Unwettern nach sich ziehen.

Der phänologische Sommerbeginn weicht vom astronomischen meist erheblich ab und wird vom Wetter und von geografischen Gegebenheiten entscheidend beeinflusst.

Der Frühsommer

Die vierte phänologische Jahreszeit – zwischen Ende Mai und Mitte Juni – beginnt in klimatisch bevorzugten Landschaften (Oberrhein) um den 22. Mai, vergleichsweise spät – bis Ende Juni – trifft der Frühsommer an der Nordseeküste ein.

Leitphase: Schwarzer Holunder – Beginn der Blüte; Robinie – Beginn der Blüte (Ersatzphase)

Ende: Frühe Süßkirsche und Erdbeeren – erste reife Früchte.

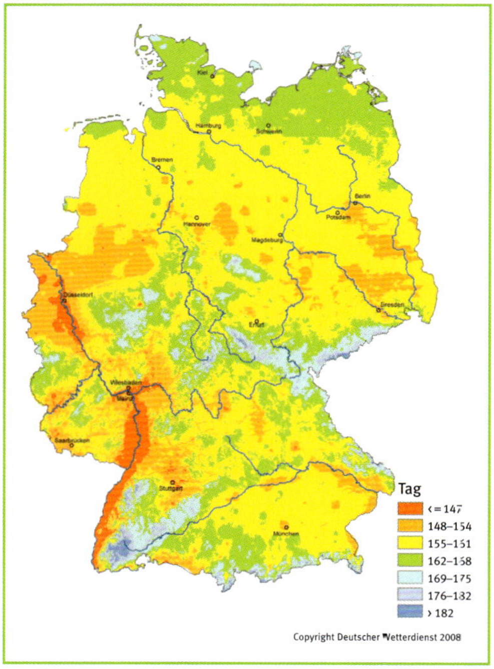

Schwarzer Holunder – Beginn der Blüte (1961–1990)

In dieser Zeit erreicht das Pflanzenwachstum aufgrund des Wechsels zwischen Sonnenwärme und Niederschlägen seinen Höhepunkt. Viele Pflanzen gehen von der Blüte in den Reifezustand über. Ist der Frühsommer zu trocken, wird man später einen mehr oder weniger deutlichen Wachstumsrückstand beobachten können. Im Allgemeinen wünschen sich Bauer wie Gärtner den Frühsommer warm und feucht, denn das sind die besten Voraussetzungen für eine gute Ernte. Eine alte Regel besagt: *Ein Feuer und ein Wasserkessel drauf, das ist des Brachmonds (Juni) bester Lauf.*
Typisches Zeichen für den Frühsommerbeginn ist der Beginn der Holunderblüte. In ganz Deutschland signalisieren die weißen Blüten den Start der warmen Jahreszeit. Das frische Grün der Wiesen- und Graslandschaften verändert sich mit der jetzt einsetzenden Blüte der meisten Gräser. Auf den Grasflächen blüht zuerst der Wiesen-Fuchsschwanz, auf den Getreidefeldern der Winterroggen. In die Phase der Gräserblüte fällt dann auch der Zeitpunkt des ersten Grasschnitts und der Heuernte, zusammen mit dem ersten Erscheinen der Rispen bei den restlichen Getreidearten. Jetzt zeigen sich auch schon der rote Klatschmohn in den Getreidefeldern und an den Weg- und Waldrändern die oft um die Wette wachsenden Margeriten oder Wucherblumen. Diese Frühsommerverkünder werden vielfach immer noch als Orakelblumen genutzt in der Hoffnung, durch das Abzupfen der weißen Blüten-

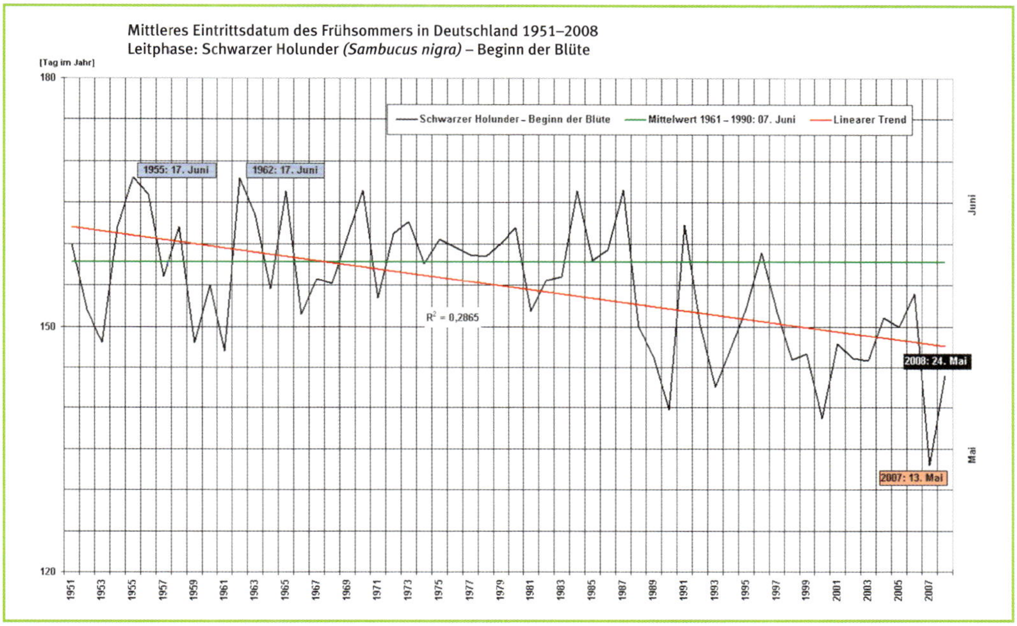

Es wird immer deutlicher, die Wachstumsphasen verfrühen sich immer mehr. Dies dokumentiert das mittlere Eintrittsdatum des Beginns der Blüte des Schwarzen Holunders (rote Linie).

blätter eine Antwort auf eine geheime Frage zu bekommen. »Er liebt mich, er liebt mich nicht«, oder: »Sie liebt mich, von Herzen – mit Schmerzen – ein bisschen – ein wenig oder gar nicht.«

Sowohl der Klatschmohn als auch die Margerite sind für uns zwar typische Sommeranzeiger, wurden in der Phänologie bisher aber nicht berücksichtigt, was aber nicht bedeutet, dass sie für den Hausgebrauch aus den Beobachtungen ganz ausgeschlossen werden sollen. Ganz anders verhält es sich mit den Wildrosen, insbesondere den Hundsrosen, von denen es schon langjährige Beobachtungsreihen gibt. Die ersten blühenden Exemplare am Wegesrand lassen bereits erahnen, dass un-

Ein Zeiger des Frühsommers ist die einfache, aber schöne Blüte der Hundsrose.

Übersicht über die Frühsommersignalpflanzen

	Natur	Landwirtschaft	Obstgarten
Anfang	Schwarzer Holunder – Beginn der Blüte		
	Robinie – Beginn der Blüte; Wiesen-Knäuelgras – Vollblüte	Winterroggen – Beginn der Blüte	
	Hundsrose – Beginn der Blüte		
Mitte	Falscher Jasmin – Beginn der Blüte	Winterroggen – Vollblüte; Winterweizen – Ährenschieben	
		Hafer – Rispenschieben; Kartoffel – Beginn der Blüte	
Ende		Rote Bete – Bestandsschluss	frühe Süßkirschen – reife Früchte
		Sonnenblume – Knospenbildung	frühe Erdbeeren – reife Früchte

sere Gartenrosen ebenfalls bald in voller Blüte stehen werden. Sie verströmen zusammen mit dem blühenden Jasmin und dem Liguster den typischen Frühsommerduft, der die Mitte der Frühsommerphase einläutet. Ist die Luftfeuchtigkeit jetzt hoch oder hat es gerade geregnet, so verspüren wir die Frühsommerdüfte am intensivsten. Dazu tragen auch die nun blühenden Getreidearten bei.
Nach den ersten stürmischen Frühlingsphasen beginnt sich die Natur langsam wieder zu beruhigen. Das merkt man am ehesten am Nachlassen der Reviergesänge in der Vogelwelt. Meistens sind es jetzt nur noch die unverpaarten Männchen, die weiterhin tapfer für sich werben. Die Saison ist jedenfalls überwiegend vorbei. Die blauen Blüten des Staudenrittersporns, der in fast keinem Garten fehlt, zeigen den weiteren Fortschritt der ersten Sommerphase an, die mit den ersten reifen Erdbeeren und Süßkirschen endet und somit schon den Hochsommer ankündigt. Hört man die ersten Heuschrecken zirpen, ist der Frühsommer auf jeden Fall vorbei.

Leitpflanzen des Frühsommers

Schwarzer Holunder
(Sambucus nigra)

Im Volksmund: Deutscher Flieder, Altholder, Bachholder, Elderbaum, Ellhorn, Mausflieder, Holle, Holder, Holler, Holderbusch, schwarzer Flieder und Schwarzholder

Zur Holunderblüte, der Leitphase des Frühsommers, stehen zahlreiche Gartenarbeiten an.

Der beginnende Frühsommer lässt auch die Robinie erblühen, die aus Nordamerika stammt.

Phänologische Gesamtphasen: Beginn der Blüte um den 28.5., Fruchtreife um den 18.8. Der Schwarze Holunder ist ein regelmäßiger Begleiter menschlicher Siedlungen, da er stickstoffreichen Boden liebt. Er ist somit für phänologische Beobachtungen wie geschaffen.

Blüte: Die Blüte des Schwarzen Holunders ist das phänologische Zeichen für den Beginn des Frühsommers. Noch während der Blattentwicklung beginnen sich die Blütendolden zu entwickeln. Bis zum Beginn der ersten Blüte vergehen dann allerdings noch mehrere Wochen. Die Phase ist erreicht, wenn an der am weitesten ausgebildeten Trugdolde annähernd die Hälfte der weißen Einzelblüten vollständig geöffnet sind und ihren süßlichen Duft abgeben. Die Blüten einer Dolde öffnen sich innerhalb weniger Tage, die des gesamten Strauches benötigen bis zu zwei Wochen.

Robinie, Scheinakazie
(Robinia pseudoacacia)

Volksnamen: Akazie, Falsche Akazie
Phänologische Phase: Beginn der Blüte

Die Blüten der Robinie sehen Erbsenblüten sehr ähnlich, sie besitzen Fahne, Flügel und Schiffchen. Kein Wunder, denn die Robinie gehört zu den Schmetterlingsblütengewächsen und ist mit Bohnen, Erbsen und anderen Hülsenfrüchtlern verwandt. Diese verwandtschaftliche Nähe des primär nicht einheimischen Baumes birgt aber auch einige Probleme mit seiner Umwelt. Wie alle Hülsenfrüchte können Robinien mithilfe von Bakterien in Wurzelknöllchen Stickstoff im Boden anreichern. Das führt zur Veränderung der natürlichen Vegetation.

Blüte: Die Phase des Blütenbeginns ist erreicht, wenn sich an den nach unten biegen-

Die ersten reifen Früchte früher Erdbeersorten leiten schon langsam in den Hochsommer über. Phänologisch verwertbar sind nur Freilandpflanzen (nicht unter Folie).

den Blütentrauben die ersten Blüten öffnen. Die Blüte gilt als eröffnet, wenn das oberste Kronblatt (Fahne) im Winkel von mindestens 90° zu den übrigen Kronblättern absteht. In sehr warmen Jahren neigen Robinien zur mehrfachen Blüte. Für die Statistiken ist jedoch nur die erste Blüte von Bedeutung.

Erdbeere

(Fragaria × ananassa,
Syn. *Fragaria × magna)*

Im Volksmund: Ardbeere, Besingkraut, Erbel, Ihrbeer, Knickbeere, Königin der Früchte, Rotbeer, Waldbeere und Zuckerkönigin

Phänologische Gesamtphasen (bis 1990): Beginn der Blüte um den 3.5., Beginn der Pflückreife um den 7.6.

Die ersten reifen frühen Erdbeeren kündigen schon das phänologische Ende der Frühsommerphase an. Vollreife, mit pflückenden Menschenmassen bevölkerte Erdbeerfelder gehören schon in den Beginn des Hochsommers. Eine allgemeine Bestimmung der Reifephase ist nicht möglich, da es sehr viele Erdbeersorten gibt. Erdbeeren lassen sich grob in früh, mittel und spät reifende Sorten einteilen. So lassen sich auf Erdbeerplantagen, aber auch in unseren Gärten die Erntezeiten der schnell verderblichen Früchte um gut sechs Wochen strecken. Erdbeeren reifen nach dem Pflücken nicht nach und halten nur ein bis zwei Tage. Seit 1991 gehört die Erdbeere nicht mehr zum offiziellen phänologischen Beobachtungsprogramm.

Fruchtreife: n der phänologischen Beobachtung beschränkt man sich auf das Erscheinen der ersten reifen Früchte früh reifender Kulturerdbeeren.

Gartenarbeiten in den Frühsommerphasen

Die Blüte des Schwarzen Holunders und der Heckenrose zeigt uns an, dass die Zeit der Frühjahrsbestellung vorbei ist. Die erste Phase des Sommers hält in Garten, Feld und Natur Einzug. Wärmere Luft- und Bodentemperaturen lassen die Saaten gut keimen und die Pflanzen zügig wachsen. Deshalb sind eine gute Bodenbearbeitung, Düngung und das Mulchen wichtige Voraussetzungen für eine gute Ernte. Die Königin der Blumen, die Rose, erobert jetzt mit ihrem Blütenflor wieder die Gärten. Die relativ kurze Frühsommerphase endet und belohnt uns mit den ersten reifen Süßkirschen und Erdbeeren.

Zur Holunderblüte

Nutzgarten: Säen später Möhren, Bohnen, Radicchio, Kopf-, Schnitt-, Pflück- und Eissalat, Kerbel, Portulak, Löffelkraut, Winterporree, Herbst- und Wintersorten von Rettich und Roter Bete für die Wintereinlagerung, Kohlrabi und Winterendivie. Erste abgeerntete Gemüsebeete werden dafür schon wieder bereitstehen.

Pflanzung von Paprika, Tomate, Aubergine, Kürbis, Brokkoli und vor allem Winterkohl, wie dem Rosenkohl, der ausreichend Platz (50 × 50 cm) und eine längere Entwicklungszeit braucht. Eine Daueraufgabe bis zum Herbst bleibt das Ausgeizen an Tomatenpflanzen.

Kartoffeln sollten jetzt dicht gemulcht (Rasenschnitt) oder angehäufelt werden, um grüne Knollen zu vermeiden. Rhabarberblüten entfernen, sie kosten der Pflanze zu viel Kraft. Wer die imposante, große Blüte liebt, kann einen »Blütenturm« wachsen lassen, sollte diesen aber spätestens nach dem Ausblühen entfernen.

Das Anhäufeln von Kartoffeln ist eine typische Gartenarbeit zur Zeit der Holunderblüte.

Rosen mit Topfballen pflanzt man vorzugsweise um die Zeit der Holunderblüte.

Obstgarten: Düngen von Beerenobststräuchern und Erdbeeren sowie Ableger von Erdbeeren abnehmen und topfen. Starke Wasserschosse, das sind senkrecht nach oben wachsende Zweige, an Obstbäumen sollten jetzt ganz entfernt werden, sie kosten dem Baum zu viel Kraft, die den Früchten letztendlich fehlt. Bei schwächeren Trieben kann ein sogenannter Sommerschnitt vorgenommen werden. Sie werden auf drei bis vier Augen eingekürzt. An ihnen bilden sich im Laufe des Jahres Blütenknospen, die im Folgejahr Früchte bringen. Absenker von Beerenobst können zur Vermehrung auf dem Boden verankert werden.

Ziergarten: Stauden, Rosen und Ziersträucher düngen. Eine Analyse des Gartenbodens etwa alle drei Jahre gibt Aufschluss über die erforderliche Düngermenge und -art.

Zweijährige Blumen wie Bartnelke, Stiefmütterchen, Vergissmeinnicht, Tausendschön und Goldlack benötigen im Gegensatz zu den einjährigen Sommerblumen zur Blütenentwicklung zwei Vegetationsperioden. Sie werden im Frühsommer bis Anfang Hochsommer ausgesät und blühen dann im Folgefrühling.

Kopf- und Grundstecklinge von Blütenstauden jetzt schneiden; bei Ziergehölzen können Absenker angelegt werden; Stecklinge von

Soforthilfe bei Mücken- und Bienenstichen

Das häufigste Übel der Sommermonate dürften wohl die Mückenstiche sein. Doch auch wenn es oft leidlich juckt und man nachts nicht schlafen kann, sind unsere kleinen Moskitos eher harmlose Zeitgenossen. Bienen- und Wespenstiche haben's da schon eher in sich. Bei Stichen der sonst so fleißigen und gerne gesehenen Imme sollten Sie unbedingt sofort den Stachel entfernen. Schmerzlindernd wirken dann kühlende Auflagen aus Zwiebel-, Kartoffel- oder Apfelscheiben. Geheimtipp: Die Blätter des Spitzwegerichs aufreiben und den Saft mit der betroffenen Einstichstelle in Kontakt bringen.

Alte Bauern-, Beobachtungs- und Erfahrungsregeln des Frühsommers

- Kalter Juniregen
  bringt Wein und Honig keinen Segen.
- Singt die Grasmücke, ehe treiben die Reben, will Gott ein gutes Jahr uns geben.
- Im Juni, Bauer bete,
  dass der Hagel nicht alles zertrete.
- Das Wetter, mit dem die Heuernte beginnt, sich in der Kornernte find't.
- Stechen die Mücken und die Fliegen,
  wird's Heu nicht lang trocken liegen.
- Kälte im Juni verdirbt,
  was Nässe im Mai erwirbt.
- Nordwind, der im Juni weht,
  nicht im besten Rufe steht,
  kommt er an mit kühlem Guss,
  bald Gewitter folgen muss.

Rosen nehmen, Sommerblumen regelmäßig ausputzen und für eine zweite Blüte evtl. zurückschneiden. Ausschneiden abgeblühter Blühgehölze wie Flieder, Spireen und Weigelie. Den für natürliche Beeteinfassungen wieder in Mode gekommenen Buchs jetzt zurückschneiden oder in Form bringen.

Der Frühsommer ist die Zeit des Beginns der Rosenblüte. So manches Gärtner/innenherz gerät da ins Schwelgen. Unzählige Rosensorten werden nun auch in den Pflanzenmärkten angeboten. Rosen mit Topfballen pflanzt man vorzugsweise um die Zeit der Holunderblüte. Etwa ab Ende Frühsommer legen die Rasengräser eine Pause ein, sie wachsen in dieser Zeit schwächer als im Frühjahr oder im Frühherbst. Stellen Sie die Schnitthöhe des Rasenmähers jetzt nicht unter 4–5 cm ein, sonst verbrennen die Gräser und Wildkräuter nehmen überhand.

Ernte: Salate, Spinat, Karotten, Radieschen, Rettich, Rote Bete, Blattmangold, Zuckererbsen, Kohlrabi, Frühkohl, zahlreiche Gartenkräuter, Spargel, Süßkirschen und Erdbeeren.

In der Natur lassen sich sammeln oder ernten: Holunderblüten, Zitronenmelisse, Birkenblätter, Brennnessel, Johanniskraut, Rosenblüten, Lavendel, Ringelblume, Hirtentäschel, Schafgarbe, Sauerampfer, Augentrost, Gundermann, Wegwarte, Taubnessel.

Die Schafskälte

Die Schafskälte Anfang Juni ist ein häufiger um diese Zeit auftretender Kälteeinbruch. Seit jeher war Anfang Juni die Zeit, in der die Schafe geschoren wurden. Kaum wurde ihnen ihr warmes Wollkleid ausgezogen, sanken auch schon die Temperaturen in den Keller. Der bedauernswerte Anblick der frierenden Schafe, von denen in manchen Jahren schon viele der Kälte zum Opfer fielen, war für diesen meist nur kurzen, aber erstaunlich regelmäßigen Kälteeinbruch für diese Witterungsperiode Namen gebend: *»Juniregen, frierende Schafe allerwegen.«*

Der Hochsommer

Die fünfte phänologische Jahreszeit – zwischen Mitte Juni und Anfang August – kann, je nach vorangegangener Großwetterlage, schon früh um den 24. Juni beginnen. Die Hochsommerphase reicht bei trockenen Hochdrucklagen manchmal bis Mitte August.

Leitphase: Sommerlinde – Beginn der Blüte; Rote Johannisbeere – Beginn der Pflückreife (Ersatzphase)

Ende: Süßkirschen und Sauerkirschen – Pflückreife

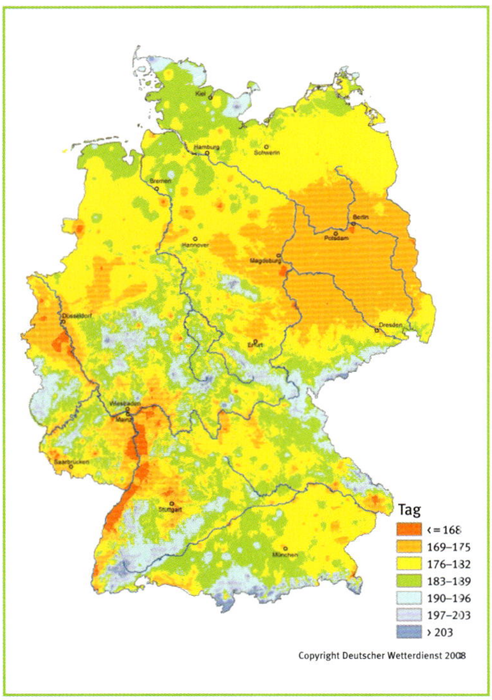

Sommerlinde – Beginn der Blüte (1961–1990)

Die Hochsommerphase fällt in den Monat Juli oder geht in ihn über. In der Natur zeigt die Blüte der Sommerlinde den Hochsommer an. Dann endlich ist der lang ersehnte Sommer da! Im Sonnenschein und in der angenehmen Wärme scheint die Natur ein wenig zur Ruhe gekommen zu sein, obwohl man doch glauben müsste, dass die Natur unter diesen Bedingungen ihre maximale Produktivität erreicht. Doch allmählich treten viele Pflanzen schon auf die Wachstumsbremse. Sie investieren jetzt weniger Energie in die Bildung neuer Blätter, der Schwerpunkt liegt nun in der Blüten-, Frucht- und Samenproduktion. Die Farbenpracht der Vegetation hat stark abgenommen. Während der Hochsommerphase blühen von den heimischen Arten nur noch etwa zehn Prozent. Dennoch bietet uns die Natur mehr, als man vielleicht erwartet, weil Badesee und Jahresurlaub vom Naturgeschehen ablenken.

Früher hatte der Hochsommermonat Juli bezeichnenderweise noch einen anderen Namen – Heumonat. Bevor das Getreide geerntet wurde, gingen die Bauern zur ersten Heumahd auf die Wiesen. Auch heute braucht man zumindest außerhalb der Städte auf den würzigen Geruch frisch geschnittenen Grases, von Kamille und anderen Kräutern nicht zu verzichten. Die Getreidefelder wechseln ihre Farbe zu Gelb und der Duft der Landschaft verändert sich vom saftig grünen Frühsommergeruch in die herbfrische Note des Strohs. Jetzt vermag man die Sommerfarbe Gelb

Tierphänologie des Hochsommers

Kartoffelkäfer – erste fressende Larven
Rehwild – Brunft
Mauersegler – Rückflug in den Süden
Jungstörche – Verlassen des Horstes
Grillen – erste Laute
Drohnenschlacht – auffällig viele tote Drohnen vor dem Bienenstock

buchstäblich zu riechen und das sommertrockene Braun der Äcker gibt frühmorgens ein typisches Aroma und Tau hinzu. So weit das Auge schweifen kann, wiegt sich jetzt die goldgelbe Flut des reifenden Getreides, bis etwa zur Hochsommermitte die Mähdrescher unübersehbar die ersten Furchen in die Getreidelandschaft schneiden. Während der Weizen noch grüne Fruchtstände hat, zeigen die schlanken Gerstenähren mit ihren langen, hakigen Grannen ihre Reife an, indem sie ihre Fruchtstände wie Bogenlampen neigen. Als Erstes werden Wintergerste und Winterraps geerntet, in der Spätsommerphase folgen Roggen und Winterweizen. Als Letzte werden Sommerweizen und Hafer gedroschen.
In der Natur sehen wir als erste Signalpflanze des Hochsommers mit etwa einer Woche Abstand die duftenden Blüten der Sommer- und Winterlinde. Der jetzt überall in Gärten, auf Heiden und in Meernähe blühende Stechginster erinnert uns an die Zeit im 19. Jahrhundert, als die Backöfen mit dem Holz dieses Strauchs befeuert wurden. Aus den Blüten des Gaspeldorns oder Stachelginsters, wie er früher genannt wurde, gewann man eine schöne gelbe Naturfarbe. Am Wegesrand erscheinen das gelbe Johanniskraut, die blaue Wegwarte und die imposanten Königskerzen. Überhaupt bietet uns der Hochsommer die letzte große Blütenfülle an. Auf dem Teich öffnen die Seerosen ihre Blütensterne, auf den Feldern blühen Klatschmohn und Kornblumen, auf Wiesen der Bärenklau und am Waldrand beginnen die Weidenröschen zu blühen. Im Garten sind es die Blüten der weißen Madonnenlilie, von Lavendel und Phlox sowie von den blühenden Kartoffeln. Auch die Roten Johannisbeeren werden reif. Sie sind allesamt Kinder des Hochsommers. Weitere Früchte des Hochsommers im Obstgarten sind Kirschen, Stachelbeeren und Himbeeren. Zeigen sich neben den Stop-

Mitte Hochsommer ist Haupterntezeit der Süßkirschen, etwas später folgen Sauerkirschen.

pelfeldern die ersten Blüten des Heidekrauts und die ersten reifen Sauerkirschen, wendet sich der phänologische Jahreslauf zum Spätsommer.

Der Hochsommer ist in der Natur eine eigentlich unerwartet stille Jahreszeit. Der Gesang der Vögel ist überwiegend verstummt und das aktive Tierleben verlagert sich vielfach in die Dämmerungs- und Nachtzeiten. Bei lauen Temperaturen sind in der Dunkelheit Käfer und Nachtfalter unterwegs und in den dunklen Wäldern legen stämmige Käfer unterirdische Nahrungsvorräte an. Junge Weißstörche schicken sich jetzt an, das Nest zu verlassen. Die Devise heißt: Flugtraining für die lange Reise ins afrikanische Winterquartier. Weniger erfreulich ist jetzt das Erscheinen der Kartoffelkäfer. An nicht gespritzten Kartoffelpflanzen erleben die Schädlinge und deren rote Larven ihre Hochkonjunktur.

Übersicht über die Hochsommersignalpflanzen

	Natur	Landwirtschaft	Obstgarten
Anfang	Sommerlinde – Beginn der Blüte		
		Kartoffel spät – Beginn der Blüte	Weinrebe – Unterscheidungen früh/spät – Beginn der Blüte
	Madonnenlilie, Wegwarte – Beginn der Blüte		Weinrebe – Vollblüte
			Rote Johannisbeere, Stachelbeere – Pflückreife
	Beifuß – Beginn der Blüte	Wintergerste – Gelbreife	Weinrebe – Ende der Blüte
Mitte		Mais – Rispen-(Fahnen)-Schieben	
	Winterlinde – Beginn der Blüte		Süßkirsche – Pflückreife
		Sonnenblume – Beginn der Blüte; Wintergerste – Ernte	
		Winterweizen, Hafer – Milchreife	
		Mais – Beginn der Blüte; Winterraps – Vollreife	Sauerkirsche – Pflückreife
Ende		Winterroggen – Gelbreife	

Die aufblühende Sommerlinde ist die Leitpflanze des Hochsommers.

Im Obstgarten weisen reife Johannisbeeren darauf hin, dass der Hochsommer begonnen hat.

Leitpflanzen des Hochsommers

Sommerlinde

(Tila platyphyllos, T. grandifolia)

Im Volksmund: Bastlinde, Baum der Liebe, Frühlinde sowie Graslinde

Phänologische Phase: Beginn der Blüte um den 5.6.

Der phänologische Hochsommer wird durch die Blüte der Sommerlinde eingeleitet. Sie ist die wichtigste Kennpflanze für diese Jahreszeit. Diese bedeutende Phase zeigt an, mit welcher Geschwindigkeit sich der Hochsommer in Deutschland und in ganz Mitteleuropa ausbreitet. Bei uns kommen zwei Lindenarten wild vor, weitere Arten aus Asien und Nordamerika hielten als Park- und Alleebäume Einzug in unseren Breiten. Beide heimischen Arten, Sommer- und Winterlinde, können phänologisch genutzt werden, wobei die Phasenbeobachtung der später blühenden Winterlinde 1990 vom phänologischen Dienst des Deutschen Wetterdienstes eingestellt wurde. Will man Sommerlinden beobachten, muss man sich also erst genau vergewissern, welche Art man vor sich hat. Um sie von den anderen eingeführten Arten und von der Winterlinde zu unterscheiden, sind nur wenige Kenntnisse nötig.

Blüte: Die Blüte der Sommerlinden ist während dieser Zeit die einzige markante Phase in der wild wachsenden Natur. Deutlich vor dem Phaseneintritt der Blüte sieht man beim langsamen Öffnen der Blütenknospen die gelben Staubbeutel. Die Leitphase ist eingetreten, wenn die ersten Einzelblüten an den Trugdolden weiter als U-förmig geöffnet sind und ihren starken Duft verströmen.

Rote Johannisbeere

(Ribes rubrum = R. sylvestre)

Im Volksmund: Kannsbeer, Meertrübeli, Ribiseln, Riwisln, Träuble

Phänologische Gesamtphasen: Beginn der Blüte um den 13.4., Beginn der Pflückreife um den 27.6.

Die Blüte der Johannisbeere wies uns im Garten schon auf den Übergang vom Erstfrühling in den Vollfrühling hin. Nach Möglichkeit sollte eine früh reifende rote Johannisbeersorte zur Beobachtung herangezogen werden. Während sich die Johannisbeersorten zur Blütezeit zeitlich kaum unterscheiden, gibt es zur Pflückreife im Hochsommer zwischen spät und früh blühenden Sorten Unterschiede von mehr als vier Wochen. Die Phase der Blüte und auch der Fruchtreife der Johannisbeere wird schon seit über 100 Jahren phänologisch dokumentiert. Um auch in Zukunft lückenlose Datenreihen zu gewährleisten, sollten auch weiterhin diese beiden Wachstumsphasen fester Bestandteil eines jeden Beobachtungsprogramms sein. Phänologisch nicht von Bedeutung ist die Schwarze Johannisbeere *(R. nigrum)*.

Zur Madonnenlilienblüte sind viele Gartenarbeiten fällig. Sie fehlt in keinem Bauerngarten.

Fruchtreife: Im Obstgarten sind die reifen Früchte der Roten Johannisbeere das phänologische Zeichen für den Hochsommerbeginn. Die Phase der Johannisbeer-Pflückreife ist erreicht, wenn die Beeren ihre sortentypische rote Farbe haben und sich leicht vom Stängel lösen lassen. Diese Phase gehört zum Sofortmeldeprogramm der Phänologie. Dabei spielt es keine Rolle, ob man Büsche oder Hochstämmchen beobachtet.

Madonnenlilie, Weiße Lilie
(Lilium candidum)

Im Volksmund: Gilgen, Unschuldsblume
Phänologische Phase: Beginn der Blüte

Die Madonnenlilie ist in unseren Gärten die Zeigerpflanze des Hochsommers und wurde bis zum Ersten Weltkrieg auch phänologisch beobachtet. Sie bietet sich den Hobbyphänologen aber immer noch als sehr hilfreich an und ist eine lohnende Zeigerpflanze für längerfristige Beobachtungen. Wer kennt nicht den typischen schweren, süßen Duft dieser Lilie, der uns an einem sonnigen Platz im Garten unwiderstehlich in die Nase steigt.

Blüte: Vom phänologischen Entwicklungsstadium Beginn der Blüte spricht man, wenn die Staubbeutel in den ersten vollständig geöffneten Blüten ihren Blütenstaub abgeben. Ein Vorgang, der jedem von der »gelben Schnuppernase« her vertraut sein sollte.

Gartenarbeiten in den Hochsommerphasen

Wenn auf den Wochenmärkten reife Süßkirschen das Bild beherrschen, die Sommerlinden in Städten und Parks mit ihren Blüten und durch ihren süßlichen Duft ganze Heerscharen von Bienen anlocken, in den Weinbergen die Reben und in den Gärten die späten Kartoffeln blühen, dann hat sich der Hochsommer eingestellt. Als Zeigerpflanzen im Garten dient die Madonnenlilie und kurz darauf folgt schon die Fruchtreife der Roten Johannisbeere. Pflegearbeiten an den Kulturen, insbesondere für den Boden, haben jetzt Vorrang. In der Landwirtschaft beginnt etwa nach der Winterlindenblüte die Ernte des ersten Getreides, der Wintergerste.

Zur Madonnenlilienblüte (Blüte Sommerlinde)

Nutzgarten: Chinakohl, der letzte Kopfsalat, Knollenfenchel, die zweiten Buschbohnen, Mangold, Pflücksalat, Winterlauch, Feldsalat, letzte Möhren und Kohlrabi aussäen. Radicchio, Endivie und Knollenfenchel sind klassische Herbst- und Wintergemüse, die schnell wachsen und noch bis zu den kühleren Herbstphasen ausreifen.

Sonstiges: Erst jetzt, zur sommerlichen Vegetationszeit bis zur Fruchtreife der Eberesche im Spätsommer, sollte man – wenn nötig – Walnussbäume schneiden, da diese sonst sehr stark »bluten« und die Prozedur eine erhebliche Schwächung des Baumes nach sich ziehen kann.

Siebenschläfertag

Statistisch betrachtet ist der Spruch von Regen und Sonne am Siebenschläfertag nicht überall gleich zu belegen. Eine ca. 80%ge Wahrscheinlichkeit ergibt sich im Alpenvorland, ca. 70 % setzt man im Binnenland an und im Küstenbereich findet man keine eindeutigen Übereinstimmungen, jedoch Tendenzen bis an die 60 %. Nordrhein-Westfalen liegt dazwischen, sowohl geografisch als auch bezüglich der Klimastatistik. Grundsätzlich gilt: Man muss auch die drei Tage vor und besonders die acht Tage nach Siebenschläfer im Auge behalten! Der Tag der Wetterentscheidung für die schönsten Wochen des Jahres und die Erntezeit ist seit der gregorianischen Kalenderreform im Jahr 1582 meteorologisch auf den 7. Juli verschoben. Meteorologische Langfristprognosen erhöhen sich sogar beachtlich nach diesem Zeitraum.

Ein Rasenschnitt ist nur noch alle 8–10 Tage nötig, eine Blumenwiese hingegen mäht man nun das erste Mal.

Ernte: Erdbeeren, Süßkirschen, Salate, Karotten, Rote Bete, Blattmangold, Zuckererbsen, Kohlrabi, Frühkohl, Rettich, die ersten Tomaten und den letzten Spargel.

In der Natur kann man sammeln oder ernten: Augentrost, Basilikum, Taubnessel, Thymian, Ziest, Ehrenpreis, Johanniskraut, Odermennig, Gänsefingerkraut, Käsepappel, Frauenmantel, Klee, Lindenblüten, Labkraut, Hirtentäschel,

Jetzt ist die beste Zeit, Erdbeerableger von den Mutterpflanzen zu trennen und zu pflanzen.

Nach der Fruchtreife der Roten Johannisbeere

Nutzgarten: Pflanzung von Endivie, Grünkohl, Kopfsalat, Kohlrabi, Kohlrüben; Tomaten, Gurken, Rosenkohl; Zucchini und Melonen entspitzen.

Obstgarten: Erdbeerableger von der Mutterpflanze trennen. Sie können zur Ebereschenfruchtreife im Spätsommer gepflanzt werden. Erdbeeren säubern; Auslichten von Himbeere, Johannisbeere und Stachelbeere, Schwarze Johannisbeere zurückschneiden; zurückschneiden abgeernteter Süß- und Sauerkirschen, Sommerschnitt junger Apfel- und Birnbäume.

Schafgarbe, Wermut, Kamille, Gänseblümchen, Spitz- und Breitwegerich, Liebstöckel und Ringelblume.

Nutzgarten: Gründüngung leerer Beete; Beginn des Heckenschnitts: Die neu gewachsenen Triebe der meisten traditionellen Hecken-

Ab der Johannisbeerenreife beginnt man mit dem Heckenschnitt. Die Triebe der meisten Heckenpflanzen sind ausgereift und Vogelnester wieder leer.

pflanzen sind jetzt ausgereift. Für sie ist nun die beste Zeit für den Schnitt. Liguster kann man noch bis zur Fruchtreife der Stiel-Eiche im Vollherbst schneiden.
Bei Rosen, Stauden und großblütigen Sommerblumen alles Verblühte laufend entfernen. Zweimal blühende Stauden wie Rittersporn und Trollblume werden sofort nach der Blüte abgeschnitten. Boden lockern und Stauden nicht mehr düngen. Letzter Termin zur Aussaat zweijährige Sommerblumen.
Samenansätze an Rhododendren und Flieder entfernen. Insbesondere aus den Blüten des Flieders entwickeln sich etwa 1 cm große, ledrige, schwarzbraune Fruchtkapseln, die erstaunlich vital sind. Liegen sie erst einmal auf dem feuchtwarmen Boden, beginnen sie alsbald zu keimen. Die aufsprießenden Keime ähneln z. B. den Schösslingen der Ringelblumen, Löwenmäulchen sowie auch denen von Eisenhut und Rittersporn. Schenkt man ihnen zu wenig Aufmerksamkeit, wird der Flieder die Oberhand gewinnen. Nicht zu Unrecht nennt ihn der Volksmund auch »das Kuckucksei der Flora«.

Ernte: Salate, Möhren, Rote Bete, Blattmangold, Zuckererbsen, Bohnen, Kohlrabi, Rucola, erste Artischocken, Blumenkohl, früher Rotkohl, Lauchzwiebeln, Zuckermais, Brokkoli.
Für die Ernte der einzelnen Gemüsesorten sollte man sich folgende Erntezeiten merken: Blattgemüse am Abend, Knollen und Wurzeln erst am Morgen.
Späte Süßkirschen, Himbeeren, Sauerkirschen, Strauchbeerenobst.
Getreideernte: Wintergerste, Winterraps.

Alte Bauern-, Beobachtungs- und Erfahrungsregeln des Hochsommers

- Gibt's im Juni Donnerwetter,
  wird auch das Getreide fetter,
  aber Juni viel Donner,
  verkündet trüben Sommer.
- Wenn die Nacht zu langen beginnt,
  die Hitze am stärksten zunimmt.
- Der Kuckuck kündet feuchte Zeit,
  wenn er nach Johanni schreit (24. 6.).
- Wenn die Johanniswürmchen schön leuchten und glänzen, kommt's Wetter zu Lust und im Freien zu tanzen; verbirgt sich das Tierchen bis Johanni und weiter, wird's Wetter einstweilen nicht warm und nicht heiter.
- Wer auf Benno (16. 6.) baut,
  kriegt viel Flachs und Kraut.
- Stürmt es am Sonnwend', im nächsten Monat das Feld heiß brennt.
- Wenn der Juli fängt zu tröpfeln an,
  so wird man lange Regen han.
- Kalter Juliregen bringt der Rehbrunft keinen Segen.
- So selten wie ein Kopf ohne Nagel,
  so selten ist ein Juli ohne Hagel.
- Wenn im Juli die Ameisen viel tragen, wollen sie einen harten Winter ansagen.
- Weht im Juli der Nord, hält gutes Wetter an; ziehen die Störche jetzt schon fort, rückt der Winter bald heran.
- Der Siebenschläfertag am 27. Juni:
  Wie's Wetter an Siebenschläfertag,
  so der Juli werden mag.

Der Spätsommer

Die sechste phänologische Jahreszeit – zwischen Anfang August und Ende August

Leitphase: Apfel, früh reifend – Beginn der Pflückreife; Eberesche – erste reife Früchte (Ersatzphase)

Ende: Winterweizen- und Hafferernte; Herbstzeitlose – Blüte

Mit der Fruchtreife der ersten frühen Äpfel, den roten Beeren der Eberesche und der blühenden Heide hält der Spätsommer Einzug in der Natur. Die Daten der Sommerphasen liegen erstaunlicherweise viel dichter zusammen als die der Frühjahrsphasen. Erst im Frühherbst klafft die Dauer der Phasen wieder weiter auseinander. Abrundend für diese Sommerphase sind Reife und Ernte der späten Getreidearten Roggen und Hafer und zu dieser Zeit ist der zweite Grasschnitt (Grummet) in vollem Gang. Auch im Zier- und Nutzgarten ist jetzt Hochsaison, die königlichen Rosen haben ihren Blühhöhepunkt schon überschritten.

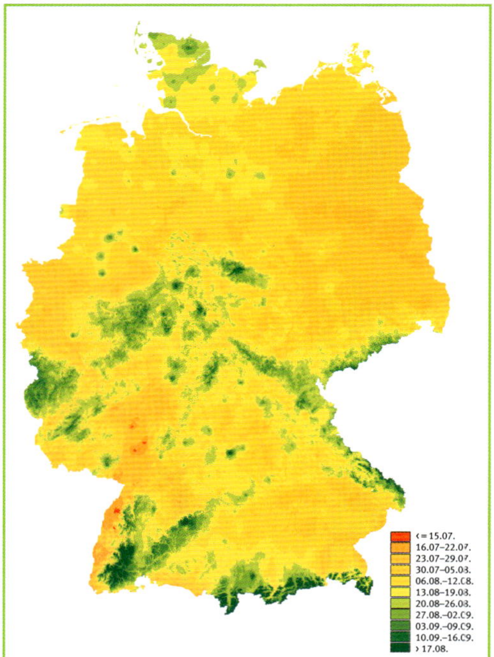

Apfel *(Malus domestica)*, frühreifend – Mittlerer Beginn der Pflückreife (1961–1990)

Der Spätsommer inszeniert ein Blütenfeuerwerk für uns, wie es kaum ein anderer Monat hervorbringt. Die gesamte Farbpalette der Natur lässt die Spätsommersonne noch einmal so richtig aufleuchten und sowohl das Farben- als auch das Formenspiel der vielfältigen Blumen scheinen kein Ende zu nehmen. Die Natur scheint ein Gemälde malen zu wollen. Die Kulturlandschaft im Spätsommer zeigt immer weitläufigere abgeerntete goldgelbe Stoppelfelder. Viele Körner fressende Vögel, wie z. B. Ringeltauben, geben sich ein Stelldichein und sowohl der langbeinige Graureiher als auch der Storch laben sich am Mäusesegen. Die kleinen Nager sind jetzt leicht auszumachen, da ihnen die Deckung fehlt. Doch schon nach ein paar Tagen kommen die Stoppelfelder unter den Pflug. Sie nehmen dann von heute auf morgen einen herbstlichen Charakter an, die Landschaft wird zusehends eintöniger. Auf das jungfräulich gepflügte Feld warten schon so manche Nutznießer. Würmer,

Engerlinge und so manche Käfer gelangen an die Oberfläche und werden so eine leichte Beute für Krähenvögel, Kiebitze. Speziell in den Küstenregionen sind es Schwärme von Möwen, die den Pflug begleiten.
Von Grünflächen einmal abgesehen, sind es jetzt nur noch die Rüben- und Maisfelder, die Grün in die Landschaft bringen. Neuerdings sind aber zwei neue Farben hinzugekommen. Wo Felder aus der landwirtschaftlichen Intensivnutzung genommen werden, sieht man oftmals große Flächen, die vom weithin blauviolett leuchtenden Bienenfreund oder Büschelschön *(Phacelia)* bedeckt werden. Auch das weithin sichtbare Gelb der Sonnenblumenfelder, die für ein ölreiches Tierfutter angepflanzt werden, verleiht der Landschaft eine neue Note. In der Vogelwelt ist es nun fast schon still geworden. Es fällt auf, dass die schrillen Rufe der Mauersegler verstummt sind. Unermüdlich sind Falter und Bienen unterwegs. Wespen laben sich an Früchten wie Pflaumen oder Birnen und im Morgentau glitzern die kunstvoll gewobenen Spinnennetze – es ist Altweibersommerzeit. All dies macht es überdeutlich, der Spätsommer hat begonnen. Blühende Herbstzeitlose, abblühende Goldruten und die reifen Samenstände der Disteln geben uns ein deutliches Zeichen für den Übergang in den Herbst.

Übersicht der Spätsommersignalpflanzen

	Natur	Landwirtschaft	Obstgarten
Anfang		Winterweizen – Gelbreife	
		Winterraps – Ernte	frühe Äpfel – Pflückreife
		Hafer – Gelbreife; Winterroggen – Ernte	
	Eberesche – Fruchtreife; Heidekraut – Beginn der Blüte		
Mitte		Winterweizen – Ernte	frühe Pflaumen – Fruchtreife
		Dauergrünland – 2. Grasschnitt; Dauergrünland – 2. Silageschnitt	
Ende		Hafer – Ernte	
		Mais – Milchreife	
	Herbstzeitlose – Beginn der Blüte	Winterraps – Bestellung	

Leitpflanzen des Spätsommers

Apfel

(Malus domestica)

Phänologische Gesamtphasen: Beginn des Austriebes, Beginn der Blüte um den 30.4., Vollblüte, Ende der Blüte, Beginn der Pflückreife um den 8.8., Blattfall

Der Apfelbaum zeigte uns im Obstgarten mit seiner Blüte schon den Vollfrühling an und gab uns damit eine wichtige Initialzündung für die Frühjahrsbestellung. Die ersten pflückreifen Frühäpfel, wie z. B. der Klarapfel, lassen uns im Garten den Beginn des Spätsommers erkennen.

Fruchtreife: Der Weiße Klarapfel benötigt zur Pflückreife z. B. ungefähr 80 Tage, späte Sorten wie Granny Smith etwa 170 Tage.
Der Termin der Pflückreife ist erreicht, wenn sich ein erstes Durchpflücken lohnt, die typische Ausfärbung erreicht ist und sich der Apfel durch leichtes Drehen oder Anheben vom Fruchtholz löst.
Tipp: Beim Sommerobst ist die ideale Erntezeit gekommen, wenn die ersten, meist von der Obstmade befallenen Früchte notreif vom Baum fallen.

Eberesche

(Sorbus aucuparia)

Im Volksmund: Drachenbaum, Drosselbeere, Eschrösel, Quitsche und Vogelbeere
Phänologische Phasen: Beginn des Blattaustriebes, Beginn Blattentfaltung um den 13.4., Beginn der Blüte um den 9.5., Fruchtreife um den 7.8., Blattfall um den 25.10. (vgl. S. 13)

Fruchtreife: Die reifenden roten Ebereschenfrüchte sind das auffälligste Zeichen für den Spätsommer. Die Phase der Fruchtreife ist nicht ganz einfach zu beurteilen, da sich die Färbung von Gelb bis Scharlachrot über Wochen hinzieht.
Die Phase der Ebereschen-Fruchtreife ist erreicht, wenn an der am weitesten ausgereiften Dolde alle Einzelfrüchte die höchste Farbintensität erreicht haben.

Weizen; Hafer

(Triticum vulgare); (Avena sativa)

Phänologische Gesamtphasen Winterweizen: Beginn der Bestellung, Beginn des Auflaufens um den 1.11., Beginn des Schossens, Beginn des Ähren-/Rispenschiebens – Weizen um den 31.5., Beginn der Milchreife beim Hafer, Gelbreife, Ernte Hafer um den 6.8.; Winterweizen um den 8.8.
Unser mild-gemäßigtes Klima ließ den Weizen zur essenziellen Brotfrucht des Westens und des Südens der »Alten Welt« werden. Zudem hat der Weizen durch eine gesteigerter Nachfrage nach feinen weißen Mehlen

Tierphänologie des Spätsommers

Storch – Rückflug in den Süden
Rauchschwalbe – Rückflug in den Süden
Mehlschwalbe – Rückflug in den Süden
Weinbergschnecke – Eiablage

Die blauen Farbkleckse der Wegwarte beleben im Spätsommer die reifenden Getreidefelder.

Blüht die Herbstzeitlose, ist der Spätsommer schon fast vorbei – der Frühherbst kommt.

den Roggen als historische Brotfrucht abgelöst.
Für die Volksernährung bedeutend ist auch der Hafer. Er ist das ernährungsphysiologisch wertvollste Getreide, da er besonders viele wertvolle Aminosäuren und Vitamine enthält. Das Haferkorn besitzt viel Eiweiß und Fett und im Vergleich zu den anderen Getreidearten wenig Kohlenhydrate.

Ernte: Aus witterungsbedingten oder betriebswirtschaftlichen Gründen kann sich der Zeitpunkt der Ernte gegenüber dem der Reife um mehrere Tage verschieben. Unter »Ernte« wird der Schnitt, nicht das Einfahren verstanden. Die erste Getreideart, die schon im Hochsommer »Opfer« des Mähdreschers wird, ist die Wintergerste, gefolgt vom Roggen. Im Spätsommer werden dann Winterweizen und Hafer »aufs Korn genommen«.

Herbstzeitlose
(Colchicum autumnale)

Im Volksmund: »Sohn-vorm-Vater«, Herbstblume, Teufelswurz, Wiesenlilie und Wiesensafran. Weil sie im Herbst keine Blätter hat, heißt sie auch nackte Jungfer, Nacktarsch.
Phänologische Phase: Beginn der Blüte um den 28. 8.
Die blattlosen, einzeln stehenden, zartrosa bis lilafarbenen Blüten erstrahlen, als wären sie nicht von dieser Welt – die Herbstzeitlose. Die giftige Blume wächst zu einer Zeit, in der uns die Natur sonst kaum noch neue Blüten schenkt. Trotz ihres krokusähnlichen Aussehens zählt sie aber nicht zu den Krokussen.

Blüte: Das Erscheinen der Herbstzeitlosenblüte kündigt phänologisch das Ende des Spätsommers an und ist gleichzeitig überleitend in den Frühherbst.

Gartenarbeiten in den Spätsommerphasen

Die Zeigerpflanzen des Spätsommers sind die reifen roten Früchte der Eberesche und die Pflückreife der ersten frühen Äpfel. Ihre Phasen sind im Garten die Taktgeber für die letzte Sommerphase. Im Garten zahlen sich nun Mühe und Fleiß aus – es kann geerntet werden. Vor allem das »Volksobst« der Deutschen, die ersten frühen Äpfel und etwas später die ersten Pflaumen, sind nun reif für den Verzehr. Nicht zu vergessen ist die flächendeckende Getreideernte, die den Spätsommer auszeichnet. Im Garten ist die große Zeit der Dahlien, Sonnenblumen und des Sonnenhuts gekommen. Gurken, Zucchini, Tomaten und Salate gibt es jetzt im Überfluss: Überhaupt, es gibt viel zu tun, doch die Kraft der Sonne lässt bereits deutlich nach.

Jetzt Winterportulak aussäen. Ins Gewächshaus verpflanzt, nutzt man ihn den ganzen Winter.

Zur Ebereschenfruchtreife (reife Frühäpfel)

Nutzgarten: Im Gemüsegarten denkt man bereits an das Herbstgemüse. Feldsalat, Spinat, Chinakohl, Pak Choi, Herbstrüben, verschiedene Herbstsalatsorten und Sommerradieschen werden jetzt ausgesät. Auch Pflück- und Schnittsalate können noch gesät werden. Pflanzung von Endivie, Kohlrabi und Knoblauch. Aussaat von Petersilie, Kümmel, Winterportulak, Salatrauke und Barbarakresse. Tipp: Winterportulak unter einer Vliesabdeckung aussäen und später ins Gewächshaus oder Frühbeet pflanzen. Er wächst, solange es nicht friert. So kann das Gewächshaus im Winter gut genutzt werden. Blütenstände bei Tomaten nach der fünften Blüte ausbrechen.
Obstgarten: Erdbeerableger von Mutterpflanzen trennen und einpflanzen. Sommerschnitt der Obstbäume – Konkurrenz- und Steiltriebe entfernen – und Nussbäume; Steinobst kann ausgelichtet und verjüngt werden. Einige Obstarten, wie Süß- und Sauerkirschen, vertragen den Sommerschnitt besser, weil die Wundheilung jetzt schneller erfolgen kann. Alte Himbeerruten ganz abschneiden.
Gründüngung auf Baumscheiben ausbringen, Obstgehölze nicht mehr gießen.
Ziergarten: Jetzt Herbstkrokusse oder Herbstzeitlose pflanzen. Sie blühen in diesem Jahr dann zwar nicht mehr am Ende des Spätsommers, aber ihre blattlose Blüte kann den Garten noch ab Ende des Frühherbstes zieren. Beste Schnittzeit für immergrüne Hecken; Blumenzwiebeln stecken; Beginn der herbstlichen Pflanzzeit von Nadelgehölzen; Teichpflege nicht vergessen.

Sommerblumen wie Ringelblume, Kornblume, Kornrade, Spiegeleiblume, Jungfer im Grünen und Feldrittersporn für eine zeitige Blüte im nächsten Jahr aussäen. Sie überstehen den Winter, wenn sie ab Spätherbst, wo die meisten Blätter fallen, mit einem Vlies abgedeckt werden.
Sommerschnitt an Rosen, Buchsbaumstecklinge.
Einige Lilienarten, auch Schwertlilien und Steppenkerzen, können nun verpflanzt werden. Auch für Königslilien und die Gartenleitpflanze des Hochsommers, die Madonnenlilie, ist jetzt die richtige Pflanzzeit. Die Pfingstrose mag lieber über Jahrzehnte am selben Platz stehen, jedoch ist eine Teilung zur Goldrutenblüte ab und zu einmal sinnvoll.
Sonstiges: Jetzt ist die ideale Zeit, um die Nistkästen zu reinigen. Sobald der Herbst mit kühleren Nächten kommt, richten sich viele Kleintiere gerne in Vogelnistkästen für das Überwintern ein. Dazu zählen Wespen- und Hummelköniginnen, Ohrwürmer, Florfliegen, aber auch Säugetiere wie verschiedene Mäusearten, Siebenschläfer und Fledermäuse.
Blumen für Trockensträuße an sonnig-trockenen Tagen abends ernten und zur Trocknung luftig aufhängen.
Ernte: Preiselbeeren, Heidelbeeren, Brombeeren, frühe Apfelsorten, Pfirsiche, Pflaumen, Aprikosen, Süß- und Sauerkirschen, Erdbeeren, mittelfrühe Kartoffeln, Salate, Sommerkraut, Rettich, Radieschen, Möhren, Rote Bete, Blattmangold, Zuckererbsen, Bohnen, Kohlrabi, Frühkraut, Rucola, Gurken. Ferner Steckzwiebeln – gesäte Zwiebeln erst nach der Holunder-Fruchtreife –, Lavendel, Beifuß, Dill, Pfefferminze, Zitronenmelisse, Salbei, Koriander, Kümmel, Anis.
In der Landwirtschaft werden geerntet: Winterraps, Winterroggen, Winterweizen, Heu.

Alte Bauern-, Beobachtungs- und Erfahrungsregeln des Spätsommers

- Was der August nicht kocht, kann der September nicht braten.
- Wenn die Nacht zu längen beginnt, dann die Hitze am meisten zunimmt.
- Fängt der August mit Donnern an, er's bis zum End' nicht lassen kann.
- Augustsonne, die schon in der Frühe brennt, nimmt nachmittags kein gutes End (Neigung zu Wärmegewittern).
- Im August vor Morgen Regen, wird vor Mittag sich nicht legen.
- Wenn im August viele Goldkäfer laufen, braucht der Wirt den Wein nicht taufen.
- Wenn im August schon die Schwalben ziehen, sie vor dem nahen Herbste (Kälte) fliehen.
- Ziehen jetzt die Störche fort, ist der Winter bald vor Ort.
- Schnappt auf der Weid' nach Luft das Vieh, merkt, dass ein Gewitter heranzieh', auch wenn's die Nase aufwärtsstreckt und in die Höh' die Schwänze reckt.
- Wettert es viel im Monat August, du nassen Winter erwarten musst.
- Wenn die Eichäpfel innen nass befunden, sie einen nassen Sommer bekunden.

Der Herbst

Herbst bedeutete früher so viel wie Pflückzeit, Zeit der Ernte und der Früchte.

Beim Kalender der Natur wird er in folgende Jahreszeiten eingeteilt:

- **Frühherbst**
- **Vollherbst**
- **Spätherbst**

Die ersten reifen Früchte des Schwarzen Holunders eröffnen die siebte Jahreszeit, den Frühherbst. Lässt die Stiel-Eiche ihre ersten reifen Eicheln fallen, so befindet sich die Natur im Vollherbst. Der Spätherbst wird durch die Blattverfärbung der Stiel-Eiche und Rosskastanie angekündigt.

Herbstfärbung und Zeit der Ernte

Der Herbst beginnt im Naturkalender mit der Zeit der Reife der Rosskastanie und dauert bis zum Abschluss der Feldarbeiten. Im Naturjahr beginnt es Abend zu werden. Wenn die Kraft der Sonne merklich nachlässt und die Abende wieder kühler werden, befinden wir uns in der erstaunlichen Jahreszeit des Reifens und der Ernte, des Absterbens und Vergehens, des Rückzugs und Erstarrens, aber auch der Ruhe und Sentimentalität. Für manche Menschen vermittelt der Herbst pure Lebensfreude und ist eine vergnügliche Zeit. Wer den Herbst richtig genießen will, der sollte lernen, diese Jahreszeit ohne Einschränkungen zu genießen und den Augenblick zu leben. Man sagt: »Wenn es kalt wird, gehen die Seelen in die Tiefe.« Vielleicht erscheinen uns deshalb alle Farben des Herbstes kräftiger und intensiver. Es ist die Zeit des schönsten Lichts, wenn sich früh am Morgen die Sonne im Morgennebel bricht oder den ersten Reif zum Glitzern bringt und vom Abendrot gefärbte Wolken die immer früher einsetzende Nacht begrüßen. Die Sommerhitze ist vorbei und die Natur scheint nun wieder scharf umrissene Konturen zu besitzen. Der Herbst ist Zeit der Ernte und zugleich Pflanz- und Aussaatzeit, bezeugte Zuversicht in neues Leben und die Zukunft. Die Bäume haben jetzt schwer an ihren Früchten zu tragen, auch die Rebstöcke ächzen unter ihrer süßen Last. Die ganze Wärme und somit die Qualität des Sommers ist in den Früchten gespeichert. In einer unglaublichen Fülle verschenkt sich jetzt die Natur. Dem wissen wir schon seit Jahrtausenden zu huldigen. Ist die Ernte fast vorüber, ist es am ersten Sonntag im Oktober Brauch, Gott mit einem Fest den Erntedank zu erweisen. Viele Legenden, Sagen

Der Schmetterlingsflieder ist zwar keine phänologische Pflanze, aber er lässt uns trotzdem die Jahreszeit erleben. Er ist attraktiv für Schmetterlinge wie hier den Kleinen Fuchs.

und Mythen berichten über die herbstliche Jahreszeit, die auch in der Poesie zahlreicher Dichter und Denker ihren Ausdruck findet. Die Wiesen und Felder werden oder sind bereits abgeerntet und es bietet sich einem wieder eine fahle Landschaft. Zwar hat fast alles Blühen ein Ende, aber eine alte Volksweisheit sagt: »Es kann im Herbst nicht mehr verwelken, als im Frühjahr gewachsen ist.«

Wann beginnt der Herbst?

Der kalendarische oder astronomische Herbstanfang beginnt mit der Herbst-Tagundnachtgleiche. So jedenfalls sind wir es seit Generationen gewohnt. Der sogenannte meteorologische Herbstanfang ist der 1. September. Der meteorologische Herbst umfasst die Monate September, Oktober und November. Im Herbst wandert der mittlere Bereich der kalten nördlichen Frontalzone wieder weiter nach Süden. Wolken- und Niederschlagsbänder der Tiefdruckgebiete haben es nun leichter, auf das mitteleuropäische Festland überzugreifen. Die nasskühle Witterung nimmt gegen Herbstende immer mehr zu. Im Frühherbst kommt es nach einem ersten markanten Kaltlufteinbruch gegen Ende des Sommers häufig zu einer beständigen Hochdruckwetterlage, dem Altweibersommer.

Der phänologische Herbstbeginn weicht vom astronomischen meist erheblich ab. Sein Einzug ist von vielen Faktoren abhängig, wie etwa vom Großklima, von der Höhenlage, der geografischen Länge und Breite sowie dem lokalen Kleinklima. Zudem spielt die vorangegangene Sommerwitterung eine mitbestimmende Rolle (nass/trocken oder kalt/heiß). All dies bedingt Unterschiede beim Eintritt bestimmter Phasen in der Natur.

Herbstfarben

Der Herbst lockt mit seinen satten, weichen, warmen und kräftigen Farben. Das Rot der Äpfel, das goldene, weiche Hellbraun der Zwiebeln, das tiefe Orange sich verfärbender Blätter – Herbstfarben haben eine betont heimelige Ausstrahlung aufgrund der leuchtenden, warmen und kräftigen Farben. Die Herbstfarben haben alle einen roten Grundton und ähneln den Frühlingsfarben. Sie besitzen gleichfalls einen warmen und leuchtenden Charakter, unterscheiden sich jedoch dadurch, dass die Farben eindringlicher und erdiger erscheinen und darum ruhiger wirken.

Viele Spinnweben beweisen den Abschied vom Sommer und künden vom Altweibersommer.

Der Frühherbst

Die siebte phänologische Jahreszeit – zwischen Ende August und Mitte/Ende September, kann schon Ende August anfangen und teilweise bis in die erste Oktoberhälfte dauern.

Leitphase: Schwarzer Holunder – erste reife Früchte; Kornelkirsche – erste reife Früchte (Ersatzphase)

Ende: Rosskastanie – Fruchtreife

In der relativ kurzen Phase des Frühherbstes könnte man meinen, der Frühling sei zurückgekehrt. Der lichtblaue Himmel, das frische Grün des Rapses auf den Feldern, die verschwenderische Blumenpracht und die intensiven Farben vieler Früchte wie die vom Weißdorn, der Wildrosen, vom Liguster, Spindelbaum (Pfaffenhütchen) und von der Kornelkirschen vermitteln uns diesen Eindruck. Doch anders als im Frühjahr ist in der Natur eine gewisse Aufbruchstimmung nicht zu übersehen. Vögel versammeln sich vermehrt auf Stromleitungen oder in Bäumen, Kleinsäuger mästen sich am reichen Angebot der Früchte für den langen Winterschlaf und Insekten treffen Vorkehrungen für die künftige Sommergeneration. Ein alter Spruch lautet: *»Wer jetzt sein Haus nicht baut, baut es nimmermehr.«* Tiere wie Pflanzen nutzen zudem das jetzt recht günstige Klima, um in die nächste Generation zu investieren. Mit knallfarbigen, wirkungsvollen Reizen werben viele Sträucher mit ihren Früchten und auf diese Einladung hin lassen sich die Vögel nicht lange bitten.
Im südlichen Deutschland beginnt der Frühherbst im langjährigen Durchschnitt etwa im letzten Augustdrittel, im Binnenland um den 1. September und an den Küsten ab Mitte September. Die typischen Zeichen dieser Vegetationsphase sind die Fruchtreife des Schwarzen Holunders, der in diese Phase überleitet, die reifen Früchte der Rose (Hagebutten), der Brombeere und des Hartriegels sowie die Herbstzeitlosenblüte, die vor allem in Süddeutschland oft noch in der Natur zu

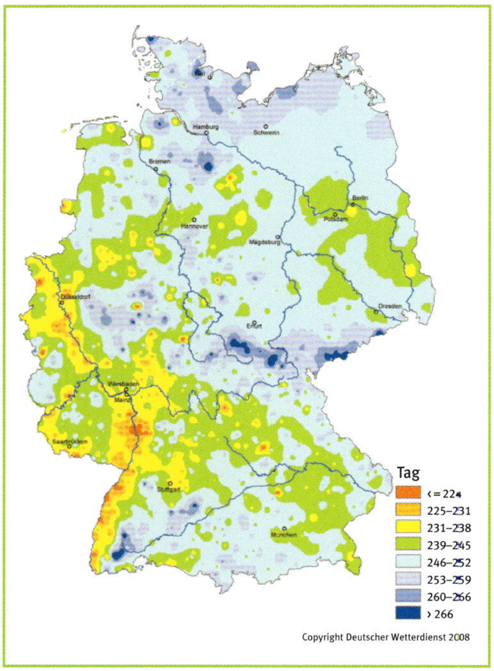

Schwarzer Holunder – erste reife Früchte (1961–1990)

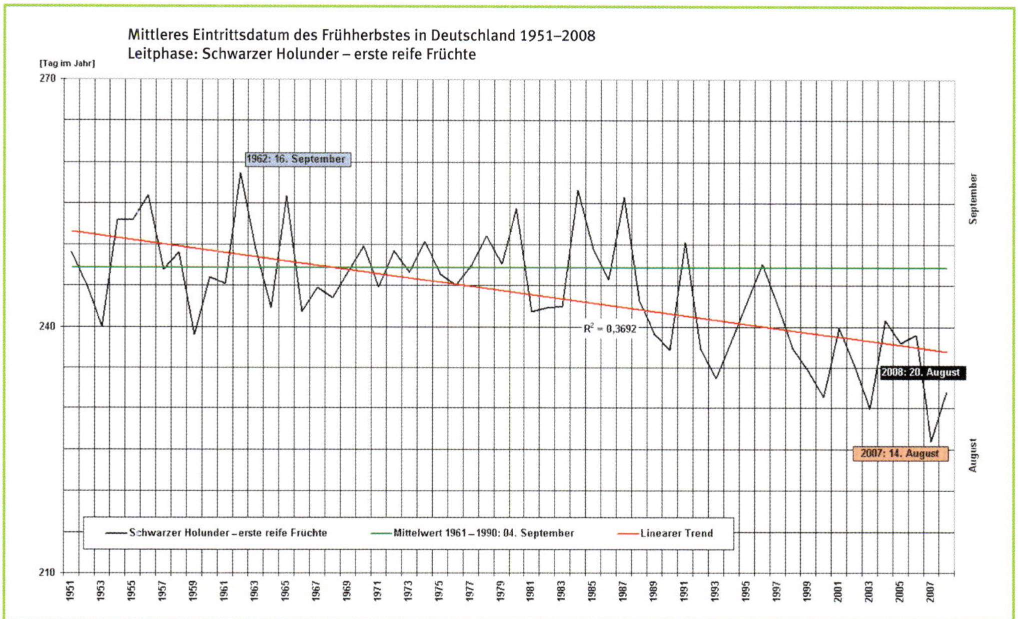

Beim Frühherbst zeigen langjährige Durchschnittsdaten vom mittleren Eintritt der ersten reifen Früchte des Schwarzen Holunders deutlich eine zunehmende Verfrühung der Phase (rote Linie) an.

beobachten ist. Doch auch in unseren Gärten ist die Herbstzeitlose zu finden, in phänologisch ausgerichteten Gärten sowieso. Aber nicht nur Blüten und Früchte fallen jetzt ins Auge. In den spätsommerlichen und frühherbstlichen Tagen machen sich auch eine Reihe von Samen auf die Reise. Die Luft ist jetzt zeitweise erfüllt von den schwebenden Fallschirmen der Bocksbärte, Disteln und Wollgräser, mit den Wollflöckchen von Pappeln und Weiden, von den Propellern des Ahorns, mit den Federspiralen des Weidenröschens sowie der Silberwurz. Auf Teichflächen fallen die Samenschwimmgürtel vieler Wasserpflanzen auf. Dieser Transportweg lässt die Samen weit weg von ihren Mutterpflanzen

Die Früchte der Rosen (Hagebutten) zeigen mit leuchtenden Rottönen den Frühherbst an.

Tierphänologie des Frühherbstes

Rauchschwalbe – Rückflug in den Süden
Kraniche – erste ziehende Tiere

schweben oder schwimmen, um neues Terrain zu erobern. Ausgestattet mit allem, was zur Bildung von neuem Leben notwendig ist. In jedem Samen sind enthalten: Proviant, ein Wachstumsplan für das zukünftige Leben, ein Thermometer und ein Feuchtigkeitsmesser, zudem eine Schutz- oder Isolierschicht. Manche sind sogar mit Haftscheiben, Haken oder Bohrern zum Festhalten ausgestattet – wie zum Beispiel die spiraligen Federn der Storchschnabelgewächse. Solche genialen Einfälle hat nur die Natur, von der wir vieles abschauen können – seien wir also aufmerksam. Die reifen Kastanien, die frühen Birnen- und Apfelsorten und auch die Maisernte auf den Feldern leiten den Vollherbst ein. Die Kastanie nimmt für uns dabei einen ganz besonderen Platz ein. Sie ist es, die mit ihren reifen Früchten für die meisten Menschen augenfällig den Herbsteinzug signalisiert. Kindheitserinnerungen werden wach, wenn wir zurückdenken an gebastelte Kastanienmännchen, Kastanientiere und unsere Sammelleidenschaft. Forstämter sind dankbare Abnehmer für die gesammelten frischen Kastanien. Sie dienen im Winter als Futter für Hirsche, Rehe und Wildschweine.

Sind die Blüten der Dahlien am schönsten, ist der Sommer schon vorbei, es ist Frühherbst.

Die obersten Bodenschichten kühlen jetzt stärker und schneller ab als die tiefer gelegenen. Gegen Ende dieser Phase wird es in einem Meter Tiefe wieder wärmer sein als an der Oberfläche, und das wird sich bis zum Erstfrühling auch nicht mehr ändern. Nächtlicher Regen und die Feuchte des Waldbodens lassen die Pilze, das »Fleisch des Waldes«, jetzt besonders üppig sprießen. Kundige Sammler wissen das zu schätzen, doch gegen Ende des Frühherbstes ist auch für die Mehrzahl der Menschen die Zeit für längere Aufenthalte draußen in der Natur zu Ende, da das Wetter dafür meist schon Grenzen setzt. Wenn der Herbst durch seine Farbsymphonien unsere Seele jubeln lässt, liegt der Frühherbst schon hinter uns.

Übersicht über die Frühherbstsignalpflanzen

	Natur	Landwirtschaft	Obstgarten
Anfang			Frühe Birne – Pflückreife
	Schwarzer Holunder, Kornelkirsche, Zweigriffliger Weißdorn, Hundsrose – Fruchtreife		Brombeere – Fruchtreife
		Winterraps – Auflaufen	
Ende	Rosskastanie – Fruchtreife	Mais – Teigreife (Siloreife)	Birne mittelfrüh – Fruchtreife
	Rotbuche – Fruchtreife	Mais – Ernte (Silageschnitt)	Hauszwetschge – Fruchtreife

Leitpflanzen des Frühherbstes

Schwarzer Holunder
(Sambucus nigra)

Phänologische Gesamtphasen: Beginn der Blüte um den 28. 5., Fruchtreife um den 18. 8.

Fruchtreife: Die sich über mehrere Wochen hinziehende Fruchtreife des Schwarzen Holunders signalisiert mit ihrer vollen Ausfärbung der schwarzen, beerenartigen Steinfrüchte den Frühherbst. Den Reifungsprozess kann man an der wechselnden Farbe der reifenden Beeren gut verfolgen – von Grün über Rötlichviolett zu Dunkelpurpur bis zur endgültigen blauschwarzen Ausfärbung.
Die Phase der ersten reifen Früchte ist erreicht, wenn an mehreren Sträuchern mehrere Trugdolden gefunden werden, deren sämtliche Einzelbeeren blauschwarz sind. Zerdrückt man die Beeren, so sollte blutroter Saft herausspritzen. Mit dem Ausfärben der Früchte färben sich auch die Stiele allmählich rot. An einer Trugdolde können noch unreife neben reifen bis hin zu überreifen Beeren vorgefunden werden.

Die Leitpflanze des Frühherbstes ist der fruchtende Schwarze Holunder.

Die essbaren roten, eiförmigen Früchte der Kornelkirsche sind zu Anfang des Frühherbstes reif.

Reife Früchte der Rosskastanie beenden den Frühherbst und leiten in den Vollherbst über.

Kornelkirsche

(Cornus mas)

Volksnamen: Herlitze, Gelber Hartriegel oder Dirndlstrauch

Phänologische Phasen: Beginn der Blüte um den 1.3., Fruchtreife um den 29.8.

Der Erntezeitpunkt der Kornelkirsche liegt je nach Sorte und Standort zwischen Ende August und Ende September. In dieser Zeit verfärben sich die essbaren, schmackhaften Früchte von Grün über Mittelrot bis hin zu Tiefrot oder Schwarz.

Fruchtreife: Die Phase der Kornelkirschen-Fruchtreife ist erreicht, wenn sich die ersten hängenden Früchte vollständig ausgefärbt haben.

Rosskastanie

(Aesculus hippocastanum)

Volksnamen: Kestenbaum, Gichtbaum, Foppkastanie, Pferdekastanie und Saukastanie

Phänologische Phasen: Beginn des Austriebes, Beginn der Blattentfaltung um den 13.4., Beginn der Blüte um den 5.5., Fruchtreife um den 21.9., Blattverfärbung um den 26.9., Blattfall um den 18.10.

Die Rosskastanie kann als phänologischer Jahresbaum bezeichnet werden. Sieht man das erste zarte Grün an den klebrigen anschwellenden Knospen, hat der Erstfrühling begonnen. Sind die ersten fingerförmigen Blätter zur Hand aufgerichtet, befinden wir uns in der Mitte des Erstfrühlings und die Blüte zeigt den Vollfrühling an. Die ersten reifen Früchte signalisieren dann die überleitende Zeit vom Frühherbst in den Vollherbst. Ist die Hälfte der Blätter herbstlich verfärbt, ist der Höhepunkt des Vollherbstes erreicht und der Blattfall signalisiert den Beginn des Spätherbstes, der zwischen Ende Oktober und Mitte November liegt. Andere Kastanienarten wie z. B. die rotblühende Art werden phänologisch nicht beobachtet.

Fruchtreife: Das Ende des Frühherbstes kündigt sich an, wenn die stacheligen, dickschaligen Fruchtkapseln der Rosskastanie aufplatzen. Die Phase der Rosskastanien-Fruchtreife ist erreicht, wenn die ersten ausgereiften, braunen, matt glänzenden Samen mit dem gelblich grauen Nabelfleck vom Baum fallen.

Gartenarbeiten in den Frühherbstphasen

Die typische Zeigerpflanze für Arbeiten in Garten und Feld ist der Schwarze Holunder mit seinen fast schwarzen Fruchtdolden. Der Frühherbst zählt zu den schönsten Zeiten im Gartenjahr, denn er hält meist das zuverlässigste Wetter und den milden Altweibersommer bereit. Die reifenden Früchte der Rosskastanie prägen die letzte Phase des Frühherbstes. Nun ist beinahe der letzte Termin für Herbstaussaaten. Im Obstgarten gibt es jetzt viel zu tun. Viele Gartenbereiche und Felder sind bereits abgeerntet.

Zur Fruchtreife des Holunders

Nutzgarten: Letzte Aussaat von Feldsalat fürs Frühjahr, Frühjahrsradieschen und Salatrauke. Knoblauch stecken, Rosenkohl entspitzen, bei Tomaten die Blüten auskneifen sowie Rhabarber teilen und neu pflanzen. Letzte, gut entwickelte Endivien pflanzen, sie vertragen leichten Frost.
Winterkräuter für die Küche in Töpfen aussäen: Kresse, Senf, Schnittlauch, Dill und Kerbel.

Unter Glas: Kopfsalat, Endivie, Feldsalat, Radieschen und Frühlingszwiebeln säen.
Ziergarten: Kornblumen, Ringelblumen und Mohn säen; pflanzen von Lilien (bis auf die Madonnenlilie) und Pfingstrosen; Rosen, Obstbäume und Sträucher nicht mehr düngen. Der Rasen kann jetzt kürzer als in den Sommerphasen gemäht werden (etwa 2–4 cm). Allerletzter Termin zur Aussaat zweijähriger Sommerblumen wie Bartnelke, Fingerhut, Goldlack, Marienglockenblume, Maßliebchen, Silberling, Stiefmütterchen, Stockrose und Vergissmeinnicht.
Der Frühherbst ist die Liebeszeit der Schnecken! Wer im Sommer viel Ärger mit diesen Tieren hatte, sollte sie jetzt, bevor sie ihre Eigelege ablegen, gründlich bekämpfen.
Ernte: Spätkartoffeln, Salate, Radieschen, späte Möhren, Lauch, Kohl, Bohnen, Säzwiebeln, Fruchtgemüse, Knollenfenchel, Gemüsekürbis, Zuckermais, Küchenkräuter zum Trocknen, Äpfel, Birnen, Herbsthimbeeren, Brombeeren, Hasel- und Walnüsse, Holunderbeeren.

Speise- und Zierkürbisse gibt es am Ende des Frühherbstes in vielen Variationen, Arten und Formen.

Zur Fruchtreife der Kastanie

Nutzgarten: Jetzt empfiehlt sich die Aussaat von Spinat zur Überwinterung für die Frühjahrsernte.
Nachtfröste sind bereits wahrscheinlich, deshalb sollten Gurken, Tomaten, Paprika, Kürbisse und Zucchini, die zur Ernte noch nicht vorgesehen sind, mit einer Folie geschützt werden. Wer besonders zarte Winterendivien liebt, kann jetzt mit dem Bleichen beginnen. Noch nicht voll entwickelter Blumenkohl ist ebenfalls vor Nachtfrösten zu schützen. Abgeräumte Beete sollten nicht leer stehen, sondern mit Gründüngung versehen werden. Lauch und Bleichsellerie anhäufeln.
Obstgarten: Achseltriebe bei Trauben entfernen, Steinobst veredeln, Beerensträucher

War die Witterung warm und trocken, kann man zur Kastanienzeit viele Tomaten ernten.

Alte Bauern-, Beobachtungs- und Erfahrungsregeln des Frühherbstes

- Was die Hundstage gießen, muss die Traube büßen.
- Wenn der September noch donnern kann, setzen die Bäume viele Blüten an.
- Wie im September tritt der Neumond ein, so wird das Wetter den Herbst durch sein.
- Um die Zeit von Augustin (28. 8.) geh'n die warmen Tage hin.
- Tritt im September viel Donner ein, wird Februar und März recht schneereich sein.
- Gute Weinjahre sind gute Nussjahre.
- Im September große Ameisenhügel, strafft der Winter schon die Zügel.
- Erst im September ist der Herzschlag des Sommers zu spüren.
- Nach Septembergewittern – im Winter Schnee- und Kältezittern.

schneiden, Auslichtungs- und Pflegeschnitt an Pflaume, Mirabelle und Reneklode, Baumscheiben mulchen.
Ziergarten: Letzter Termin zum Setzen von Blumenzwiebeln, bis auf Tulpen (bis Spätherbst). Faustregel: doppelt so tief legen, wie die Zwiebeln dick sind. Gute Pflanzzeit für Stauden. Eine Blumenwiese kann jetzt zum zweiten Mal gemäht werden.
Sonstiges: Zimmerpflanzen und frostempfindliche Kübelpflanzen wie Bananen und Margeriten hereinholen.

Der Vollherbst

Die achte phänologische Jahreszeit – zwischen Mitte September und Mitte Oktober

Leitphase: Stiel-Eiche – erste reife Früchte; Rosskastanie – erste reife Früchte (Ersatzphase)

Ende: Stiel-Eiche – Blattverfärbung

Nachdem die Kastanien reif sind und die Hauszwetschgen geerntet wurden, liegen auch schon die ersten reifen Früchte der Stiel-Eiche auf dem Boden. Diese Phase läutet den Vollherbst ein, die Zeit, in der sich die Früchte des Waldes auf der Erde sammeln lassen und die Natur, beginnend mit der Rosskastanie etwa ab Mitte des Vollherbstes, ein neues Kleid anlegt. Bäume und Büsche bieten ein eindrucksvolles buntes Finale. Sie scheinen geradezu in Flammen zu stehen und leuchten in allen Schattierungen von Goldgelb über Tiefrot bis Tiefbraun. Anlass für all dies ist die schnell abnehmende Tageslänge bei nun niedrigerem Sonnenstand zur Mittagszeit. Verstärkt und unterstützt wird die Blattverfärbung durch die ersten Nachtfröste. Auch am Wegesrand, an Halden und Zäunen zeigt die Natur jetzt alle Schattierungen der herbstlich bunten Farbpalette. Noch einmal

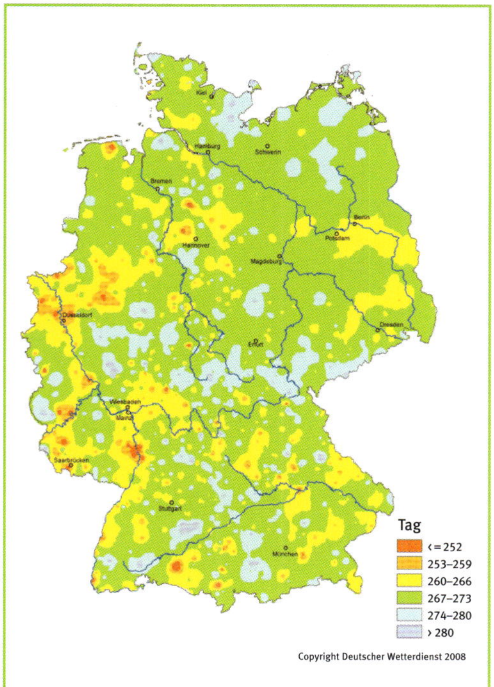

Stiel-Eiche – erste reife Früchte (1961–1990)

Später Pollenflug

Achtung Allergiker: Im ausklingenden Naturjahr denkt kaum noch einer an Heuschnupfen, den wir eigentlich mit den Frühlingsphasen in Verbindung bringen. Entwarnung ist aber noch nicht angesagt, denn Pollen fliegen ziemlich lange, auch im Spätsommer und Herbst. Gleich eine ganze Reihe von Pflanzen vermag jetzt noch immer triefende Nasen und tränende Augen zu verursachen. Neben Beifuß und Löwenzahn sind vor allem Spitzwegerich und Goldrute eine echte Belastung. Also immer noch Vorsicht für auf diese Arten empfindliche Allergiker!

Im Obstgarten zeigen reife Hauszwetschgen den beginnenden Vollherbst an.

führt sie ein beeindruckendes Schauspiel aus Licht und Farben auf, mit Blüten und Gräsern, Beeren und Früchten. Sie lässt uns teilhaben an der unendlichen Fülle, die sich niemals erschöpft und zu keiner Zeit endet. Zu dieser Jahreszeit ist der Wald für uns Menschen ein besonderes Erlebnis. Die warmen Farben der Waldrandsträucher und -bäume locken und gleichen quasi die fehlende Wärme aus, die wir noch vom Sommer gewohnt sind. Der Anblick reifer Früchte erfreut uns, späte Blüten grüßen von sonnigen Plätzen und eine Vielzahl unterschiedlicher Pilze streckt die Köpfe aus Gras und Moos.

Bei aller Schönheit des Herbstes darf die Arbeit in Garten und Feld noch nicht vergessen werden. Der Vollherbst ist die Zeit des Erntens und der Bevorratung, denn Äpfel, Birnen, Kartoffeln, Rüben, Weintrauben und Hagebutten werden nun reif. Bei der Ernte besagt eine Faustregel, dass nicht zu früh geerntet werden sollte, um die Lagerfähigkeit zu verlängern und den Geschmack zu verbessern. Beim Apfel heißt es: Wenn sich der Apfel bei dreimaligem Drehen am Stiel noch nicht vom Holz löst, dann ist er auch noch nicht reif.

Die Hauptarbeit der Bauern ist die Hackfruchternte. Schwer mit Rüben und Kartoffeln beladene, oft scheinbar überdimensionierte Wagen werden von leistungsstarken Traktoren über die abgeernteten Felder gezogen. In den Weinbergen wird der Sommer gepflückt, den die reifen Trauben eingefangen haben. Später werden sie uns die Qualität des Jahrgangs kosten lassen und die Güte des Naturjahres widerspiegeln. Hier und dort raucht aus zusammengetragenem Kartoffelkraut noch ein traditionelles Kartoffelfeuer. Der weiße Rauch vermischt sich oft schon mit den Nebelschleiern, die aus den feuchten Wiesen aufsteigen. Es riecht nach Herbst. Auf dem Land drillen die Bauern Wintergerste und Winterroggen und die gelbgrauen, tristen Stoppelfelder kommen unter den Pflug. Eintönig, aber nicht einsam ziehen die Traktoren ihre Furchen. Genau wie zur Frühjahrsbestellung folgen dem Pflug Scharen von Dohlen, Krähen, Kiebitzen oder Möwen, die in der umgeworfenen Erde gierig nach freigelegten Würmern, Käfern, Larven und sogar Feldmäusen picken. Doch ansonsten ist aus der offenen, abgeernteten Kulturlandschaft nicht mehr viel Nahrhaftes für die Tiere zu holen. So ziehen Insekten, Vögel und Säugetiere aus der offenen Landschaft in den Schutz der breiten Heckenstreifen und Waldränder, um sich dort von den Beeren zu ernähren, die noch mit kräftigen Farben locken. Was die Tiere übrig lassen, das überdauert bis weit in den Winter. In der Natur geht nichts verloren.

Die Tiere in der freien Natur spüren schon den Hauch des Winters, der durchaus verfrüht gegen Ende des Vollherbstes eintreffen kann. Rotkehlchen, Zaunkönig und Zilpzalp lassen nochmals ihre Herbstgesänge hören, Zugvögel ziehen über uns hinweg. Mäuse, Eichhörnchen, Murmeltiere und Eichelhäher legen Wintervorräte an, Lurche, Kriechtiere, Schnecken und Insekten suchen ihre Winterverstecke auf, Stockenten beginnen mit ihrer Balz. Gegen Ende der Vollherbstphase liegen bereits zahlreiche Blätter am Boden. Ahorne gehören mit zu den ersten Bäumen, die sich von ihrem Sommerkleid trennen. Nicht mehr lange, dann werden die ersten kalten Tage die letzten bunten Farbtupfer aus der Natur verdrängt haben. Unsere Blicke werden sich an das eintönige Grau gewöhnen müssen. Doch noch ist es ja nicht so weit, noch dürfen wir uns an den warmen Farben erfreuen.

Tierphänologie des Vollherbstes

Kranich – erste ziehende Tiere
Uhu – Balzruf
Hirsch – Brunftgeschrei
Weinbergschnecke – Deckeln
Biene – Verkleinern (Verkitten) des Einflugloches

Ein typisches Vollherbstszenario bietet die Blattverfärbung der Hängebirke. In der Mitte des Vollherbstes lässt sie bei Sonnenschein den »goldenen Herbst« erleben.

Übersicht über die Vollherbstsignalpflanzen

	Natur	Landwirtschaft	Obstgarten
Anfang	Stiel-Eiche – Fruchtreife		Süßkirsche – Blattverfärbung
		Wintergerste – Bestellung	frühe Weinreben (sortenabhängig) – Fruchtreife
		Mais – Gelbreife	
		Mais – Vollreife, Körnerernte	späte Birnen – Pflückreife
		Winterraps – Rosettenbildung	späte Weinreben (sortenabhängig) – Fruchtreife
		Sonnenblume – Ernte	
Mitte	Rosskastanie – Blattverfärbung	Wintergerste – Auflaufen	frühe Weinreben (sortenabhängig) – Lese
	Hängebirke – Blattverfärbung	Rote Bete – Ernte	
		Spätkartoffel – Ernte	Süßkirsche – Blattfall
	Europäische Lärche – Nadelverfärbung; Rotbuche – Blattverfärbung	Winterroggen – Bestellung	
Ende			späte Äpfel – Fruchtreife
	Stiel-Eiche – Blattverfärbung		
			frühe Weinreben (sortenabhängig) – Blattfall

Leitpflanzen des Vollherbstes

Rosskastanie
(Aesculus hippocastanum)
siehe auch Frühherbst

Blattverfärbung: Die Blattverfärbung der Rosskastanie zeigt etwa die Mitte der Vollherbstphase an. Die Verfärbung setzt in der Regel früher ein als bei den einheimischen Forstbäumen. Die braune Färbung beginnt an den Rändern der Fiederblätter und zieht in Richtung Mittelrippe. Die Zwischenrippenbereiche sind oft noch grün und die Übergangszonen zeigen sich in Grün, Gelb bis Braun. Das normale herbstliche Erscheinungsbild sind mehrfarbige Blätter.
Die Phase der Rosskastanien-Blattverfärbung ist erreicht, wenn sich etwa die Hälfte der Blätter eines Baums herbstlich verfärbt haben. Etwa seit Mitte der 1980er-Jahre macht die Kastanien-Miniermotte der Rosskastanie schwer

zu schaffen. Die ca. 4 mm großen Raupen fressen sich zwischen der Ober- und Unterseite der Blätter hindurch. Dadurch werden die Blätter oft schon im Juli vorzeitig braun. Dies kann dann phänologisch nicht gewertet werden.

Blattverfärbung: Das Kennzeichen für den Spätherbst ist der Beginn des Rosskastanien-Laubfalls. Dabei ist jedoch zu beachten, dass die Rosskastanien empfindlich auf heiße und trockene Sommer und auch auf Flächenversiegelung reagieren. Bäume in solchen Jahren oder an ungünstigen Standorten sind als Kennpflanzen ungeeignet. Die Phase des Rosskastanien-Blattfalls ist erreicht, wenn etwa die Hälfte der Blätter vom Baum abgefallen sind.

Stiel-Eiche
(Quercus robur, Q. pedunculata)
siehe auch Vollfrühling

Fruchtreife: So, wie schon die Blattentfaltung der Stiel-Eiche den Vollfrühling einläutete, so kündet ihre Fruchtreife den Beginn des Vollherbstes an. Die Phase ist erreicht, wenn die ersten reifen Eicheln mit ihren leicht erkennbaren typischen Längsstreifen vom Baum fallen.

Liegen die ersten Eicheln, die Früchte der Stiel-Eiche, auf dem Boden, beginnt der Vollherbst.

Gartenarbeiten in den Vollherbstphasen

Die Fruchtreife der Rosskastanie setzt das Startsignal für die Abschlussarbeiten in diesem Garten- und Naturjahr. Nun liegt das Hauptaugenmerk auf Aufräum- und Pflegearbeiten zur Vorbereitung auf den Winter. Auf den Beeten geben vorwiegend die Herbstastern den Ton an, doch die meisten Pflanzen richten sich schon auf die Winterruhe ein. Viele von ihnen benötigen jetzt die Hilfe des Gärtners.

Zur Fruchtreife der Stiel-Eiche und zum Blattfall der Rosskastanie

Gewächshaus: Kräuter, Spinat, Winterkopfsalat und Feldsalat säen.
Frühbeet: Schnittsalat, Endivie, Rettich, Radieschen und Spinat für die Winterernte aussäen. Frühbeet jetzt vor starken Frösten z. B. mit Noppenfolie schützen.
Freiland: Wintersteckzwiebeln stecken, Wintersalat und Gründüngung säen.
Obstgarten: Späte Obstsorten sollten nicht zu früh geerntet werden, jeder Sonnentag kommt ihnen noch zugute. Fröste bis –5 °C können ohne Schaden überstanden werden, doch niemals im gefrorenen Zustand ernten. Erst warten, bis die Früchte am Baum aufgetaut sind, auch wenn es ein paar Tage dauert!

Die meisten Obstgehölze können gepflanzt werden. Nur Pfirsiche, Aprikosen, Walnüsse, Weinreben und Brombeeren bevorzugen eine Pflanzung am Ende des Erstfrühlings zur Löwenzahnblüte bis in den Vollfrühling. Spätester Termin zum Anlegen von Leimringen um Obstbäume als Schutz gegen Frostspanner. Fallobst einsammeln, Rhabarber pflanzen.

Ziergarten: Kalt- und Frostkeimer unter den Wiesenblumen können jetzt ins Freiland gesät werden, Stiefmütterchen und Vergissmeinnicht pflanzen. Zimmer-, Balkon- und Terrassenpflanzen ins Winterquartier bringen oder zumindest eine Folie zum Schutz vor leichten Nachtfrösten bereithalten; verblühte Stauden zurückschneiden und teilen oder verpflanzen, Pfingstrosen pflanzen. Dahlien, Gladiolen, Knollenbegonien etc. aus dem Boden nehmen und kühl lagern.

Neben der Apfelblütenphase im Vollfrühling ist jetzt die beste Zeit für die Raseneinsaat

Zur Zeit des Vollherbstes können die meisten Obstbäume gepflanzt werden.

Fallen die Kastanienblätter und die Eicheln zu Boden, beginnt die Ernte der Weintrauben.

und für Verbesserungsmaßnahmen am Rasen. In der Zeit vom Vollherbst bis zum Vorfrühling wachsen Laubgehölze nicht mehr. Während dieser Zeit sind die Pflanzen gut in Form zu bringen. Beim Heckenschnitt braucht man sich nicht auf das Zurückschneiden der neuen jungen Triebe zu beschränken, sondern kann schon einmal radikaler schneiden. Bei Temperaturen unter –5 °C sollte nicht mehr geschnitten werden. Jetzt ist die Hauptpflanzzeit für sommergrüne Gehölze sowie Rosen.
Edelrosen, Hortensien, jungen Hibiskus und Schmetterlingsflieder anhäufeln.
Sonstiges: Bodenproben nehmen und analysieren; Vorbereitung des Bodens für den Winter. Stecklinge von immergrünen Nadel- und Laubgehölzen schneiden.
Ernte: Weintrauben, spätes Obst, Kiwis, Quitten, Nüsse, insbesondere Walnüsse, Spätkartoffeln, Trockenbohnen, sobald die Hülsenschalen eingeschrumpft und trocken sind, letzte Zwiebeln und Radieschen, Zucchini, Radicchio, Bleichsellerie, Wintermöhren, Herbstrüben, Rettich, Knollensellerie, Knollenfenchel, Chinakohl, Weißkohl, Feldsalat, Endivien, Rote Bete, Schwarzwurzeln, Grün- und Rosenkohl (nach dem ersten Frost), Tomaten, die man ggf. nachreifen lässt.
In der Natur sammeln oder ernten: Preiselbeeren, Haselnüsse, Kastanien, Wurzelkräuter, Sauerdorn und Schlehe, letztere erst nach dem ersten Frost.
In der Landwirtschaft: Ernte von Mais, Rüben, Sonnenblumen, Spätkartoffeln; Aussaat von Wintergerste, Winterroggen und überleitend in den Spätherbst von Winterweizen, dessen Auflaufen den Winter ansagt.

Alte Bauern-, Beobachtungs- und Erfahrungsregeln des Vollherbstes

- Beste Kornsaat, letzte Woche im September und erste Woche im Oktober.
- Geht der Hirsch in die Brunft,
  so säe Korn und Vernunft.
- Solange noch vor dem 1. Oktober die Schneeblumen (Spinnfäden) wehen, so lange dauert es nachher, bis es schneien wird. Altweibersommer, dann wird der Herbst trocken.
- Zieht's Eichhorn still ins Winternest,
  wird bald die Kälte hart und fest.
- Ziehen die wilden Gänse weg,
  fällt der Altweibersommer in 'n Dreck.
- Viele Eicheln im September,
  viel Schnee im Dezember.
- Bleiben die Schwalben lange,
  so sei vor dem Winter nicht bange.
- Solange der Kiebitz nicht geht,
  milde Witterung besteht.
- Im Gilbhart räum' den Garten,
  denn willst du warten,
  so kommt die Kälte
  und nimmt die Hälfte.
- Schneit's im Oktober gleich,
  dann wird der Winter weich.
- Viele Pilze im Herbst,
  strenger Winter wird's.
- Wenn Buchenfrüchte geraten wohl,
  Nuss- und Eichbaum hängen voll,
  so folgt ein harter Winter drauf
  und fällt der Schnee zuhauf.
- Fällt das Laub sehr bald, wird der Herbst nicht alt (früher Winter).

Der Spätherbst

Die neunte phänologische Jahreszeit – in günstigen Regionen zwischen Mitte Oktober und Anfang November.

Leitphase: Stiel-Eiche – Blattverfärbung; Eberesche – Blattfall (Ersatzphase)

Ende: Rotbuche und Stiel-Eiche – Blattfall; Winterweizen – Auflaufen

Vorbei sind die goldenen Tage mit ihren warmen Herbstfarben, der Boden strickt sich aus dem fallenden Laub ein wärmendes Kleid.

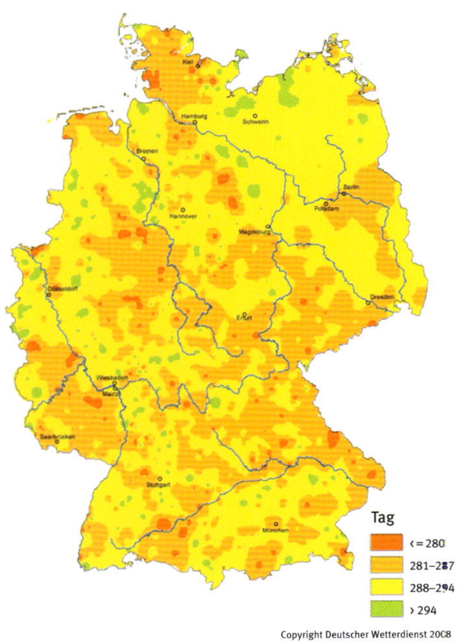

Stiel-Eiche – Blattverfärbung (1961–1990)

Diese unverkennbaren Anzeichen sagen uns, dass sich das Naturjahr auf die große Ruhe vorbereitet. Die Natur strebt einer Verschnaufpause entgegen. Der Himmel ist jetzt oft von Wolken verhangen und ein frischer Wind lässt uns frösteln. Die triste, melancholische Zeit des Spätherbstes ist angebrochen. Der Blattfall der Rosskastanie charakterisiert den Beginn dieser Phase, die im Allgemeinen um die Mitte des Oktobers beginnt. Nach und nach taumeln auch die letzten bunten Blätter aus den schon fast kahlen Wipfeln der Bäume auf die Erde und aus den Tannenzapfen rieseln die Samen, einige Fichtenzapfen liegen auf dem Waldboden. Schwermut breitet sich über die Landschaft, die kahlen Bäume wirken wie Gespenster im nassgrauen, matten Licht. Bei Spaziergängen raschelt es jetzt bei jedem Schritt unter den Füßen.
Das Laub fällt nicht jedes Jahr zur selben Zeit, der Laubfall ist abhängig von der Temperatur und Sonneneinstrahlung. Ausnahmen vom Blattfall sind z. B. Buchen, besonders die Hainbuche und die Eichen. Sie behalten den Großteil ihres verfärbten Blätterdaches bis in den Frühling. Der Wald wird ungewohnt still und der modernde, humose Geruch zerfallender Blätter steigt deutlich in die Nase. Nur die einheimischen Vögel scharren im trockenen Laub auf der Suche nach Larven, Käfern und Puppen. Jetzt sind viele Vogelarten auf das noch vorhandene Beeren- und Fruchtangebot angewiesen. Je reichhaltiger, desto besser. Rotkehlchen nutzen z. B. 40 verschiedene

Tierphänologie des Spätherbstes

Hermelin – Winterfell
Frostspanner – erste fliegende Männchen auf Hochzeitsflug
Wildschwein – Beginn der Rauschzeit
Kanadagans – Ankunft

Arten von Beeren tragenden Pflanzen für ihre Ernährung, Wacholderdrosseln sogar 45 und Buntspechte immerhin 17.
Der Spätherbst ist die Zeit der Vorbereitung auf den Winter. Es kann zwar noch einmal warm werden, aber die Sonne, die am Mittag nur noch in einem Winkel von 20 Grad auf die Erde scheint, hat merklich an Kraft eingebüßt. Nass und grau sind die Tage und die Nachttemperaturen erreichen manchmal schon den Gefrierpunkt. Im Spätherbst werden auch die verschiedenen Strategien sichtbar, welche die Tierwelt verfolgt, um den Winter zu überstehen. Vögel z. B. streifen entlang der Frostgrenze durchs Land und ziehen in den Süden. Insekten wie Kleinsäuger ziehen sich endgültig an geschützte Plätze oder in die Erde zurück. Die Natur kennt vielfältige Überlebensstrategien.
Kaum noch bemerkt man die letzten gelblich grünen Blüten des Efeus, die von den letzten Wespen des Jahres besucht werden. Vereinzelte Astern und Rosen lassen uns einen allerletzten Sommerhauch ahnen, ein warmer Hauch, der noch in den Beeren der späten Weintrauben gefangen ist, die jetzt geerntet werden. Beim Spaziergang entlang der Uferzonen von Gewässern fallen die samtig braunen Fruchtstände des Rohrkolbens auf. Hier und da sind schon welche aufgeplatzt und geben ihre Samennüsschen frei. Oft reicht schon ein sanfter Fingerdruck, um die üppigen behaarten Samenpakete, die wie Wolle aussehen, dem Wind zu übergeben. Manche Fruchtstände werden erst nach und nach von Regen und Wind zerzaust und die Wolle dient im Frühling so manchem Vogel als Nistmaterial.

Haben die meisten Bäume ihre Blätter verloren, tritt der Herbst in seine letzte Phase.

Übersicht über die Spätherbstsignalpflanzen

	Natur	Landwirtschaft	Obstgarten
Anfang		Winterweizen – Bestellung	
	Rosskastanie – Blattfall		
	Eberesche, Hängebirke – Blattfall		
	Europäische Lärche – Nadelfall		
	Rotbuche, Stiel-Eiche – Blattfall		
Mitte		Winterroggen – Auflaufen	späte Weinreben (sortenabhängig) – Lese
			frühe Weinreben (sortenabhängig) – Blattfall
		Winterweizen – Auflaufen	späte Weinreben (sortenabhängig) – Blattverfärbung
			Apfel, spät, späte Weinreben (sortenabhängig) – Blattfall
Ende	Ende der Vegetationsperiode	Ende der Vegetationsperiode	Ende der Vegetationsperiode

Nun zieht der Pflug die letzten Winterfurchen, und wenn stärker werdendes Frostwetter die Feldarbeiten zum Erliegen bringt, geht das phänologische Jahr dem Ende zu. Das Ende des Spätherbstes und damit das Ende des Vegetationsjahres ist gekennzeichnet durch den Blattfall der späten Weinreben sowie durch das erste neue Grün des auflaufenden Winterweizens – und das ist zugleich der Anfang des Winters.

Die Natur lässt in einem mitreißenden, regelmäßigen Kreislauf Leben entstehen und wieder vergehen, um die Voraussetzung für ein neues Entfalten nach der kommenden Winterruhe zu schaffen. Die Wiedergeburt ist bereits veranlasst und schon jetzt der Frühling sichtbar. Das Leben geht nicht zu Ende, es sammelt lediglich Kraft für den Neubeginn. Genau wie der Schlaf, der uns für den nächsten Tag regeneriert. *»Dank dem, der die Jahreszeiten gemacht hat, wohl dem, der in ihnen lebt.«* Diesen Spruch wissen all diejenigen zu schätzen, die für längere Zeit in südlichen oder gar tropischen Regionen gelebt haben, wo es nicht so deutlich abgrenzbare Jahreszeiten gibt, wie wir sie hier kennen. Vielfach wird das dauerhaft gute Wetter gelobt, doch es kommt für fast jeden der Zeitpunkt, zu dem er unseren Gang durch die 10 Jahreszeiten vermisst.

Leitpflanzen des Spätherbstes

Stiel-Eiche

(Quercus robur, Q. pedunculata)
siehe auch Vollfrühling

Blattverfärbung: Am Ende der Vollherbstphase leitet die Blattverfärbung der Stiel-Eiche schon über in den Spätherbst. Diese Phase ist mit der Blattverfärbung erreicht, wenn etwa die Hälfte der Blätter verfärbt sind. Die Verfärbung beginnt meist von den inneren zu den äußeren Kronenteilen.
Blattfall: Als letzte Baumart verliert die Eiche ihre Blätter. Das herbstlich verfärbte Laub kann aber auch bis weit in den Winter hinein an den Ästen bleiben, ehe es fällt, besonders wenn zeitige Fröste die Ausbildung der Trennungsschicht zwischen Blatt und Zweig erschweren.

Eberesche

(Sorbus aucuparia)
siehe auch Spätsommer

Blattfall: Die Phase des Ebereschen-Blattfalls ist erreicht, wenn etwa die Hälfte aller Blätter abgefallen sind. Wie bei allen anderen Laub abwerfenden Gehölzen gilt: Bei vorzeitigem, trockenheitsbedingten Blattfall ist diese phänologische Phase nicht verwertbar und sollte nicht dokumentiert werden.

Weizen

(Triticum vulgare)
siehe auch Spätsommer
Phänologische Phase: Beginn des Auflaufens um den 29.10.

Zu Anfang des Spätherbstes fallen die Blätter der Stiel-Eiche, Rotbuche, Rosskastanie und Eberesche.

Sind die Reihen des auflaufenden Winterweizens zu sehen, ist das Naturjahr zu Ende!

Auflaufen: Unter Auflaufen versteht man das Stadium, in dem sich die jungen Keimlinge etwa 1 cm über die Bodenoberfläche erhoben haben, sodass das Feld einen ersten grünen Schimmer bekommt und die Saatreihen zu sehen sind. Hat das Winterweizenfeld dieses Stadium erreicht, ist der phänologische Spätherbst und damit das Ende des Naturjahres erreicht. Diese Phase leitet direkt in den Winter über.

Gartenarbeiten in den Spätherbstphasen

Die letzten Gartenarbeiten vor dem Ende des phänologischen Jahres beginnen mit dem Blattfall der Rosskastanie. Zuvor verfärben sich die Blätter der Stiel-Eichen gelb und geben für die Landwirtschaft das Signal zur Aussaat des Winterweizens. Im Weinberg herrscht nun Ernte-Hochkonjunktur. Der Spätherbst bedeutet neben der geringeren Sonneneinstrahlung die Vorbereitung auf die entbehrungsreiche Winterphase. Die Natur schnallt ihren Gürtel enger. Die kürzer werdenden Tage sind der Taktstock für ein frühzeitiges Einwintern, Speck anlegen und die Vorbereitungen auf das den Winter bestimmende Phänomen des Frosts. In der Natur wird es nach und nach immer stiller. Fällt das Laub von den Stiel-Eichen und sind die spät reifenden Apfelbäume kahl, ist das phänologische Jahr zu Ende.

Der Wurzelbereich von Obstbäumen ist jetzt dankbar für eine grobe Kompostabdeckung.

Zum Blattfall der Rosskastanie und zur Gelbfärbung der Blätter der Stiel-Eiche

Nutzgarten: Aussaat von Frostkeimern wie Petersilie, ferner Barbarakresse, Löffelkraut, und Salatrauke. Pflanzen wurzelnackter Himbeerruten, Spargel abschneiden.

Ziergarten: Pflanzen wurzelnackter Heckenpflanzen wie Feldahorn und Hainbuche, auch Rosen bis zum Frost; letzter Rasenschnitt, aber nicht zu kurz.

Sonstiges: Den Boden mit Laub oder groben Kompost abdecken, Laub im Wurzelbereich von Bäumen und Büschen als Frostschutz liegen lassen. Stauden abschneiden, Stauden mit Samenständen als Vogelfutter und Winterschmuck stehen lassen, Ziergräser nicht schneiden, Seerosen und Wasserpflanzen einwintern, Laub von Teichen entfernen. Wasser abstellen, Leitungen, Schläuche einwintern, Geräte versorgen, Laub kompostieren. In Gegenden mit Wildkaninchenproblemen jetzt die Zäune kontrollieren.

Ernte: Letztes Lagergemüse wie Rettiche, Möhren, Knollensellerie, Rote Bete und Kohlarten, Winterlauch, Endivien, Chinakohl und Feldsalat. Chicoréewurzeln zum Treiben einschlagen. Ernte später Äpfel und Weintrauben. Rosenkohl, Porree und Grünkohl können im Garten bleiben. In rauen Lagen sollten Porree und Rosenkohl an einer geschützten Stelle in Hausnähe bis zum Verbrauch eingeschlagen werden. Nur Grünkohl kann unbesorgt auf dem Beet belassen werden. Er schmeckt nach Frost erst besonders gut. Ernte der Blätter nach Bedarf von unten nach oben. Gemüse- und Obstlager regelmäßig kontrollieren.

Nach dem Blattfall der Rosskastanien entwickelt der Grünkohl erst sein Aroma.

Schneiden Sie Rosen nicht zu früh ab. Warten Sie, bis der Frost das Ende anzeigt.

Alte Bauern-, Beobachtungs- und Erfahrungsregeln des Spätherbstes

- Wenn die Bienen zeitig verkitten, kommt bald ein harter Winter geritten.
- Wenn im Oktober noch viele Wespen fliegen, werden wir strengen Winter kriegen.
- Zieht's Eichhorn still ins Winternest, wird bald die Kälte karst und fest.
- Wandert die Fledermaus nach dem Haus, bleibt der Frost nicht lange aus.
- Sitzen die Birnen fest am Stiel, bringt der Winter Kälte viel.
- Warmer Oktober bringt fürwahr uns sehr kalten Februar.
- Späte Rosen im Garten lassen den Winter warten.
- Hält der Baum die Blätter lang, macht ein später Winter bang.
- Oktoberschnee tut Tieren und Pflanzen weh.
- Fängt der Winter zu früh an zu toben, wird man den Dezember nicht loben.
- Baumblüt' im November gar, noch nie ein gutes Zeichen war, denn blühen im November die Bäume aufs neu', wäret der Winter bis zum Mai, aber sind die Bäume im November schon kahl, dann macht der Winter keine Qual.
- Wenn im November der Buche Holz im Saft, so wird der Regen stärker als der Sonne Kraft; ist es aber starr und fest, sich große Kälte erwarten lässt.
- Sind noch Drosseln im Wald, wird es lang nicht kalt.

Der Winter

Der Winter ist in der Phänologie und in der Natur die einzige Jahreszeit, die in keine weiteren Phasen mehr aufgeteilt wird. Es herrscht Vegetationsruhe: in der Landwirtschaft ab dem Auflaufen des Winterweizens, im Garten mit dem Laubfall später Apfelsorten und in der Natur mit der kahl werdenden Stiel-Eiche. Das Wachstum gerät aber nicht ganz ins Stocken, wie die Winterblüher Winterjasmin, Zaubernuss oder Christrose beweisen. Sogar die Ernte kann z. B. beim Grünkohl, Porree, Portulak und Rosenkohl weitergehen.

Stille, Ruhe und Kälte

Charakteristisch für die zehnte Jahreszeit ist die eigentümliche Stille. Bei Spaziergängen durch die Natur fällt das besonders auf. Hier und da vernimmt man mal ein leises Vogelgezwitscher, aber ansonsten könnte man eine Feder fallen hören. Der Winter als Regenerationszeit der Natur? Wann aber wird es denn Winter? Eine alte, langjährige Beobachtungsregel sagt: *»Wenn die Ameisen in der Erde verschwinden, wird's Winter.«* Doch für viele Menschen beginnt der Winter erst mit regelmäßigem Frost. Das mag daran liegen, dass Wasser in der Natur ein entscheidendes Kriterium für das Überleben ist. Frost, also das Unterschreiten der Null-Grad-Marke, bindet das Wasser und so steht es dem Kreislauf des Lebens vorerst nicht mehr zu Verfügung. Zudem haben wir beim Phänomen Frost nicht nur physisch, sondern auch psychisch ein erhöhtes Wärmebedürfnis. Die Natur stellt sich jedes Jahr aufs Neue rechtzeitig und vielfältig auf diese Mangelsituation ein. Die Pflanzen schützen sich z. B. vor dem Frost, indem sie alle oberirdischen empfindlichen Teile abstoßen und ihre Reservestoffe in die Wurzeln, Rhizome, Knollen oder Zwiebeln unter der Erde zurückziehen. Die meisten Büsche und Bäume trennen sich von ihrem Laub, manche haben sogar einen eigenen Frostschutz entwickelt. Der Blattfall scheint aber die sicherste Methode zu sein. Das Gehölz allein braucht kein Wasser, fehlendes Laub muss keine große Schneelast tragen und abgefallenes Laub dient dem Gehölz zudem als Wurzelisolierung. Durch die winterliche Nahrungsknappheit stellen viele Tierarten ihr Verhalten komplett um. Die oberste Devise heißt Energie sparen. Winteraktive Wildtiere schränken ihre Bewegung ein. Deshalb ist bei Spaziergängen im Wald jetzt Ruhe angesagt! Andere Tierarten stellen ihren Stoffwechsel komplett auf den Winterbetrieb um. Eine Variante ist die Winterruhe, eine mildere Form des Überwinterns, während deren die Sinnesorgane aktiv bleiben und damit ein schnelles Aufwachen ermöglichen. Der Winterschlaf hingegen ist die extreme Form der Überwinterung. In dem todesähnlichen Zustand sind alle Körperfunktionen auf das Minimum reduziert, ein schnelles Aufwachen ist nicht mehr möglich. Egal, welche Strategien sich die Natur hat einfallen lassen, der Winter bleibt eine sehr riskante Jahreszeit.

Selbst bei tiefen Temperaturen können die Natur und der Garten mit Abwechslung dienen.

Wann beginnt der Winter?

Neben unserem altbekannten kalendarischen oder astronomischen Winteranfang ist auch noch vom meteorologischen und phänologischen Winter die Rede. Der meteorologische Winteranfang ist am 1. Dezember. Der meteorologische Winter umfasst die Monate Dezember, Januar und Februar. Die Frontalzone, das ist die Übergangszone zwischen unterschiedlichen Luftmassen, liegt in diesem Zeitraum so weit südlich, dass Deutschland zum Teil mehrere Tage bis zu Wochen nördlich der Frontalzone und im Einflussbereich polarer Kaltluftmassen liegt. Die sich innerhalb der Frontalzone entwickelnden Tiefdruckgebiete bringen immer wieder windige und wechselhafte Wetterlagen mit häufigen Niederschlägen.
Der phänologische Winter weicht vom astronomischen meist erheblich ab und wird im Gegensatz zu den Frühlings-, Sommer- oder Herbstphasen nicht weiter aufgeteilt, da im Winter Vegetationsruhe herrscht, die durch den ersten stärkeren Nachtfrost markiert wird oder mit einer ersten geschlossenen Schneedecke beginnt. Im Garten beginnt der phänologische Winter mit dem Laubfall später Apfelsorten, in der Landwirtschaft mit dem Auflaufen des Winterweizens und in der Natur mit dem Blattfall der Stiel-Eiche.

Winterfarben

Die Winterzeit dominiert mit ihren Schwarz-Weiß-Kontrasten. Das tiefe Tannengrün steht in krassem Gegensatz zum funkelnden Schneeweiß. Schwarz-Weiß-Kontraste und kräftige Farben in klaren Nuancen beleben jeden Winterraum. Genau wie der Sommer hat der Winter Blau als Grundton. Alle Farben wirken im Winter aber klarer und aufdringlicher.

Im Garten zeigen Immergrüne wie der Rhododendron verlässlich die Temperatur an.

Beim linken Bild herrschen minus 2 Grad, rechts zeigen die Blätter minus 15 Grad an.

Die Phänologie des Winters

Die zehnte und letzte phänologische Jahreszeit – zwischen Anfang November und Mitte Februar. Im Hochgebirge gelten andere Gesetze. Hier herrscht der Winter zwischen Ende September und Anfang Mai.

Leitphase: Winterweizen – Beginn des Aufgangs; Apfel, früh reifend – Blattfall (Ersatzphase 1); Europäische Lärche – Nadelfall (Ersatzphase 2)

Ende: Schneeglöckchen – Blüte, Ersatzphase Haselnuss – Blüte

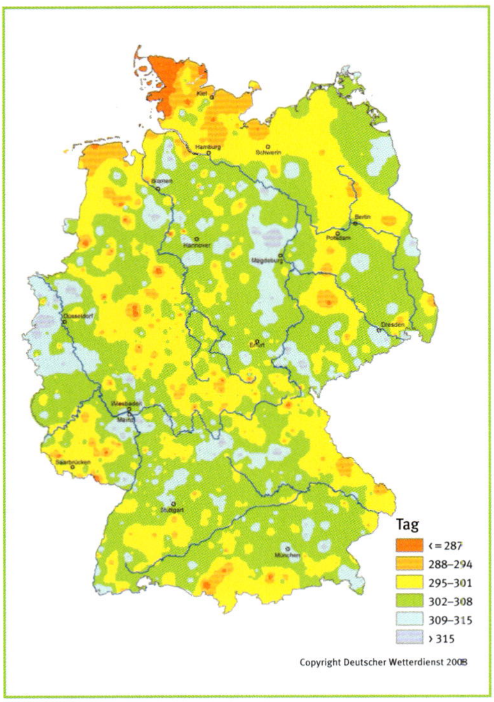

Winterweizen – Beginn des Aufgangs (1961–1990)

Die Grenze zwischen Spätherbst und Winter ist rein gefühlsmäßig gar nicht so einfach auszumachen, zumal der mitteleuropäische Winter ein wankelmütiger Geselle ist. Er kommt und geht, kommt erneut wieder und geht wiederholt. Der Volksmund sagt: *»Der Winter treibt es siebenmal, bis er die Regentschaft an den Frühling übergibt.«* Früher begann der Winter für die Menschen spürbar erst dann, wenn das Pferdegespann mit dem Pflug im gefrorenen Boden stecken blieb. Heute gibt es starke Traktoren mit einer Leistung von weit über 100 PS, denen die ersten gefrorenen Böden gar nichts entgegenzusetzen haben.

Der phänologische Winter, die zehnte Jahreszeit, beginnt im Garten mit dem Laubfall der späten Apfelsorten oder wenn der Boden so stark durchgefroren ist, dass ein Umgraben unmöglich wird. In der Landwirtschaft wird der Winteranfang mit dem Auflaufen des Winterweizens definiert. Die Natur hingegen lässt die Blätter und Nadeln der Stiel-Eiche und der Europäischen Lärche zum phänologischen Winterbeginn fallen.

Alles in allem – die Natur ruht. Frost, Kälte und Schnee scheinen die Natur zum Stillstand zu bringen, doch dem ist nicht ganz so, denn unter der Schneedecke geht das Pflanzenleben weiter. In ruhenden Samen und Knospen finden wichtige Lebensvorgänge statt. Zahlreiche Wildpflanzen benötigen den Frost, damit ihr Samen später keimen kann. Die Knospen unserer Standardobstsorten Apfel

Übersicht über die Wintersignalpflanzen

	Natur	Landwirtschaft	Obstgarten
Anfang	Stiel-Eiche – Blattfall	Winterweizen – Auflaufen	Apfel, spätreifend – Blattfall
	Ende des Blattfalls; Vegetationsruhe bis zum Beginn der Schneeglöckchenblüte	durchgefrorener Boden; Vegetationsruhe	Ernte Spätobst; Ende des Blattfalls; Vegetationsruhe

und Birne kommen nur dann zur Blüte und damit bis zur Fruchtreife, wenn Kälte auf die Knospen eingewirkt hat. Vollkommene Ruhe gibt es auch nicht bei unserem Wintergemüse, wie z. B. beim Grünkohl, Porree und Rosenkohl. Sie wachsen unter einer schützenden Schneedecke langsam weiter. Eisige Kälte stimuliert auch die Entwicklung des Wintergetreides, das Kältephasen für die spätere Fruchtbildung benötigt. Das Korn kommt in eine sogenannte Keimstimmung und die Briten haben recht, wenn sie sagen: *»Wenn du im Januar wachsendes Gras siehst, verschließ' dein Korn im Speicher.«*
In den vergangenen 150 Jahren ist der Winter auf unserer Nordhalbkugel durchschnittlich um 18 Tage kürzer geworden. In Nordamerika, Europa und Asien frieren Flüsse und Seen heute fast 10 Tage später zu und tauen im Frühling ca. 9 Tage eher auf, als dies noch um 1850 der Fall war. Diese Daten konnten durch Recherchen in Zeitungsarchiven für den Zeitraum von 1846 bis 1995 nachvollzogen werden, in dem die Vereisungsdauer von 26 Gewässern in den USA, in Kanada, Finnland, Russland, Japan und Deutschland dokumentiert wurden.

Tierphänologie des Winters

Kanadagans – Ankunft
Eichhörnchen – Beginn Paarungszeit (Verfolgungsjagden)
Fuchs – Beginn Rollzeit
Bergfinken – erste Schwärme

Die Christrose kann sich in milden Jahren schon ab Mitte November (Frühwinter) zeigen.

Gartenarbeiten in der Winterphase

Aussaat unter Glas: Pflück-, Schnitt- und Bindesalat, Saatzwiebeln, Sommerlauch, Weißkohl, Spitzkohl, Wirsing, Rotkohl, Kohlrabi.
Aussaat ins Freiland: Kalt- und Frostkeimer, Spinat unter Folie.
Arbeiten im Winter: Kalken, Winterschutz, Sprossengemüse in der Wohnung vortreiben und Kontrolle der Kübelpflanzen im Winterquartier. Fruchtmumien an Obstgehölzen entfernen, Leimringe überprüfen, Kalkanstrich vor allem an jungen Obstbaumstämmen; bei Temperaturen über –5 °C kann noch ein Auslichtungsschnitt an Obstbäumen erfolgen. An milden Tagen Lüften von Gewächshaus und Frühbeet, Isolierung überprüfen; Knollen- und Zwiebelblumen vortreiben, sobald die Haselnusskätzchen beginnen länger zu werden.
Für die Pflanzen ist Schnee wie eine warme Kuscheldecke. Sie hält die Restwärme im Boden zurück, verhindert Strahlungskälte und schützt vor der Austrocknung. Trockener Frost würde den oberirdischen Pflanzenteilen viel Wasser entziehen, das die Wurzeln im gefrorenen Boden so schnell nicht nachliefern kön-

Neben dem Schnitt gehört das Kalken der Obstbäume zu einer wichtigen Winterarbeit.

Im Winter sollten regelmäßig die Lagerräume auf Verdorbenes kontrolliert werden.

nen. Winterschäden an den Pflanzen sind nicht so sehr von der Kälte verursacht, sondern vielmehr durch Trockenheit bedingt. Bei immergrünen Pflanzen und Gehölzen daher auch an frostfreien Tagen ans Gießen denken. Wassergräser, Binsen und andere Gewächse, vor allem Unterwasserpflanzen, bleiben den Winter über im Teich. Durch sie findet ein Luftaustausch auch durch die Eisdecke hindurch statt.

Die häufigen Wechsel von frostigem und mildem Wetter sind für empfindliche Zierpflanzen oft gefährlicher als eine lange Periode mit –6 bis –8 °C Kälte. Daher ist es ratsam, den Winterschutz vor allem bei den Stauden und Kleingehölzen zu überprüfen.

Im Winter gilt unsere Sorge den Ergebnissen aus der Sonnen- und Klimaeinwirkung des ganzen Jahres, unserer Ernte. Jetzt kommt es auf das häusliche Kleinklima an, um Lagergemüse, Lagerobst und Kartoffeln sowie das Eingemachte über die Wintermonate zu bringen. Es ist unerlässlich, von Zeit zu Zeit die Obstregale, Einmachgläser, Säfte und Kartoffel- oder Gemüsekisten im Lagerraum zu kontrollieren.

Jetzt einen Arbeits- und Pflanzplan für das nächste Jahr erstellen, Kataloge wälzen, Sämereien bestellen oder Gerätschaften reparieren oder neu anschaffen.

Ernte: Mispel (nach dem ersten Frost), Wurzel- und Knollengemüse muss jetzt geerntet werden (einschlagen), Feldsalat und Grünkohl schneiden, Winterlauch und Rosenkohl.

In der Natur: Mistelzweige und -blätter, Berberitzenbeeren, Eichenrinde, Faulbaumrinde und Weidenrinde.

Alte Bauern-, Beobachtungs- und Erfahrungsregeln des Winters

- Fällt auf Eligius (1.12.) ein kalter Wintertag, die Kälte noch vier Wochen bleiben mag.
- Geht Barbara (4.12.) im Grünen, kommt das Christkind im Schnee.
- Werden die Tage länger, wird der Winter strenger.
- Ist bis Dreikönigstag kein (strenger) Winter, so kommt auch keiner dahinter.
- Je näher die Hasen dem Dorfe rücken, desto ärger des Winters Tücken.
- Wenn man einen Sack mit Schnee übers Korn schleiß', so wird man die Spur bis zur Ernte sehen.
- Januar muss vor Kälte knacken, wenn die Ernte soll gut sacken.
- Kommt der Frost im Januar nicht, zeigt im Lenz er sein Gesicht.
- Maulwurfshügel im Januar, Winterwetter bis weit ins Frühjahr.
- Wenn Antoni (18.1.) die Luft ist klar, gibt es ein recht trock'nes Jahr.
- Scheint an Lichtmess (2.2.) die Sonne heiß, kommt noch sehr viel Schnee und Eis.
- Wenn die Mücken im Februar geigen, müssen sie im Märze schweigen.
- Ist der Februar trocken und kalt, kommt im Frühjahr Hitze bald.
- Hüpfen Eichhörnchen und Finken, sieht man schon den Frühling winken.

Schlussbetrachtung

Hat man erst einmal Spaß an der »phänologischen Datensammlung« gefunden, wird man nach einiger Jahren, ggf. sogar Jahrzehnten, feststellen, dass sich eine große Datenmenge aus der heimischen Region angesammelt hat. So hat das phänologische Beobachtungsnetz des Deutschen Wetterdienstes bereits seit 1951 eine Riesenmenge an wissenschaftlich verwertbaren Daten zusammengetragen. Die phänologische Datenbank umfasst mittlerweile etwa 16 Millionen Datensätze zu den Phasen wild wachsender Pflanzen, landwirtschaftlicher Kulturen, zum Wein sowie zu den Obstbäumen.

Die Eintrittszeiten phänologischer Phasen spiegeln sämtliche Umwelteinflüsse wider.

Zu einer typisch phänologischen Phase gehört die Blattentfaltung der Rosskastanie.

Daher kann aus diesen Daten auf den Einfluss veränderter Umweltbedingungen auf die Entwicklung der Vegetation rückgeschlossen werden. Langjährige Datenreihen von Wildpflanzen haben dabei einen hohen Stellenwert, weil sie Ausdruck der natürlichen Wachstumsbedingungen sind, einschließlich der klimatischen Verhältnisse. Pflanzen und Tiere dienen also als Messinstrumente, die durch ihr Wachstum und Verhalten den saisonalen Witterungsverlauf genau widerspiegeln. Die Phänologie hat in den letzten Jahren immer größere Bedeutung erlangt, da auch Klima- und Umweltveränderungen, die durch den menschlich verstärkten Treibhauseffekt herbeigeführt werden, durch die Praxis der Pflanzen- und Tierbeobachtung aufgedeckt werden können. Es ist abzusehen, dass bevorstehende Klimaänderungen phänologische Ereignisse zeitlich noch stärker verlagern und somit deutliche Auswirkungen für die Land- und Forstwirtschaft, die Ökosysteme und auch die menschliche Gesundheit haben werden. Als Bioindikator für die sich vollziehende Klimaänderung erfährt daher besonders die Pflanzenphänologie gegenwärtig eine wahre Renaissance. »Bioindikatoren« sind Arten oder Gemeinschaften von Lebewesen, deren Vorkommen, Verhalten oder physiologischer Zustand eng mit bestimmten Umweltverhältnissen zusammenhängt, sodass sie als Zeiger für Veränderungen derselben eingesetzt werden können. Die Phänologie kennt über 160 Phasen, die hierzu dienen können.

Phänologie im Dienst der Wissenschaft

Die renommierte Ökoklimatologin Prof. Dr. Annette Menzel hat in ihren Forschungsarbeiten aufgezeigt, wie die Phänologie als Anzeiger für sich ändernde Umweltbedingungen genutzt werden kann. Die Resultate ihrer Untersuchungen beweisen, dass sich die phänologischen Frühjahrsphasen wie Austrieb und Blüte von Bäumen in den letzten fünf Jahrzehnten deutlich verfrüht haben. Die Wissenschaftlerin belegt, dass sich die Wachstumsphase der Pflanzen in Deutschland seit 1951 um insgesamt 11 Tage verlängert hat. Zum Beispiel haben sich die Frühlingsphasen in den letzten drei Jahrzehnten durchschnittlich um bis zu 0,3 Tage pro Jahr verfrüht. Nach Prof. Dr. Menzels Untersuchungen, die sich auf statistische Auswertungen und die Modellierung von phänologischen Phasen stützen, sind die Lufttemperatur und die Nordatlantik-Schwingungen der vorangegangenen drei Monate bestimmend für den Beginn des Frühjahrs und somit auch für die Länge der Vegetationsperiode. »Insgesamt ergeben ihre von der Europäischen Union geförderten Arbeiten zu phänologischen Trends in Europa zusammen mit Veröffentlichungen aus Nordamerika und Ergebnissen aus CO_2-Messreihen, Satellitendaten und Eisdeckendauer ein relativ dichtes Bild der Veränderungen auf der Nordhälfte der Erde.«

Der Berliner Agrarmeteorologe Frank Chmielewski koordiniert ein europaweites Phänologie-Beobachtungsnetz. Auch seine Analysen belegen: »Die Vegetationsentwicklung ist im Vergleich zu früheren Daten um zwei Wochen verfrüht.« Es besteht demnach ein direkter Zusammenhang zwischen den »Zufrühblühern« und der kontinuierlichen Temperaturerhöhung seit Ende der 1980er Jahre.

Forschung weltweit

Auch Studien aus Daten von NASA-Satelliten belegen, dass Teile der Nordhemisphäre in den letzten zwanzig Jahren sichtlich grüner geworden sind. Die Vegetationsperiode in Eurasien hat sich um etwa 18 Tage verlängert. Forscher der Bostoner Universität und des Goddard-Instituts für Raumforschung in New York berichten, dass die längere Vegetationsperiode sowohl auf einen früher einsetzenden Frühling als auch auf einen späteren Herbst zurückzuführen ist. Salopp kann man also sagen, dass unsere Wälder grüner geworden sind. Doch viele der beobachteten Veränderungen und die daraus resultierenden Ereignisse sind nicht so dramatisch, wie es den Anschein hat. Sie sind im Einzelnen auch früher schon vorgekommen und werden es auch in Zukunft tun. Ihr geballtes und regelmäßiges Auftreten in den letzten Jahren zeigt jedoch eindeutig, dass auch in unseren Wäldern gewisse Umschwünge vor sich gehen. Dieses Ergebnis darf jedoch nicht zu negativ betrachtet werden. Schließlich ist es ein wesentliches Charakteristikum von Lebewesen, auf sich verändernde äußere Einflüsse zu reagieren. So werden phänologische Beobachtungen auch in Zukunft eine Vielzahl von Veränderungen direkt vor unserer Haustür feststellen.

Langjährige phänologische Beobachtungen können im Garten dazu beitragen, z. B. die Saatzeiten oder die Sortenwahl für bestmögliche Ergebnisse zu optimieren.

Resultate langjähriger Beobachtungen

Pflanzen, die »Messinstrumente« solcher Veränderungen und der gesamten Witterung, zeigen bezüglich ihrer Eintrittstermine in eine phänologische Phase wie den Austriebszeitpunkt zusammen mit den Monatsmittelwerten der Lufttemperatur an, dass ein deutlicher Zusammenhang zwischen Temperatur und Umweltfaktoren besteht. Diese Zusammenhänge belegen, dass für die Frühjahrs- und Sommerphasen die Lufttemperaturen bereits bis zu drei Monate vor deren Eintritt ausschlaggebend sind, also stark von der Lufttemperatur des vorangehenden Winters und Frühjahrs gesteuert werden. Untersuchte Phasen im Frühjahr verfrühen sich zwischen

2,5 und 6,5 Tagen pro Grad Celsius Erwärmung. Dabei hat man an phänologischen Daten von 1951 bis 2003 festgestellt, dass sich der Austrieb oder die Blüte im Erstfrühling stärker verfrühen als die Phasen des Vollfrühlings. Der Beginn frostfreier Perioden in Deutschland hat sich in dieser Zeit sogar etwas stärker verfrüht als der Austriebszeitpunkt von Bäumen. Somit dürfte sich auch das Risiko von Spätfrostschäden gemildert haben.

Daten der ersten phänologischen Phasen im Frühjahr zeigen, wie sich die Blüte von Schneeglöckchen und Forsythie verfrüht haben, und zwar um bis zu 3,2 Tage pro Dekade (1951–2000). Das ist mehr als etwa der Austrieb von Bäumen im Mai (1,7 Tage pro Dekade bei der Hängebirke, 1,6 bei der Rosskastanie, 0,8 bei der Rotbuche, 1,2 bei der Stiel-Eiche, 1,3 beim Maitrieb der Fichte). Auch die Blütezeiten von Obstbäumen (0,9 Tage pro Dekade bei der Süßkirsche, 1,1 beim Apfel) haben sich verfrüht (nach MENZEL, 2002). Somit kann die Vorverlegung des Frühjahrs als eine Reaktion auf veränderte Temperaturbedingungen vermutlich als primäre Folge der weltweiten Erwärmung gewertet werden.

Die Grafik zeigt am Beispiel phänologischer Jahreszeiten aus Frankfurt am Main, einer Region, die besonders gut durch Daten abgedeckt ist, die Verschiebung phänologischer Eintrittszeiten aus unterschiedlichen Zeiträumen. Hier ist deutlich eine Verfrühung der Frühlings- und Frühsommerabschnitte in den relativen warmen Jahren 1991–2000 erkennbar. Der Winteranfang hingegen ist weniger beeinflusst.

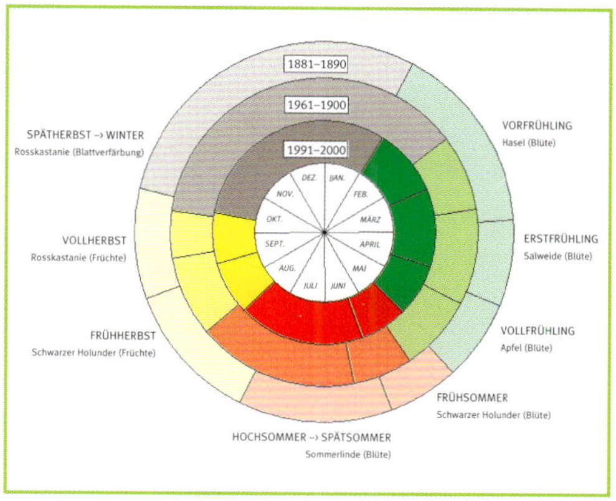

Dauer der phänologischen Phasen 1881–1890, 1961–1990 und 1991–2000. Man erkennt deutliche Verschiebungen.

Der Zeitpunkt der Herbstphasen sowie auch die herbstliche Blattverfärbung ist im Gegensatz zu den Frühjahrsphasen, die nahezu ausschließlich von der Temperatur gesteuert werden, wesentlich schlechter durch Umweltfaktoren zu erklären. Zum einen verzögert ein warmer Spätsommer die Blattverfärbung, höhere Temperaturen im Mai und Juni hingegen verfrühen dieses Naturereignis. Auch Einflussgrößen wie Trockenheitsstress in trockenen oder heißen Sommern sind von Bedeutung. Langjährige Datenreihen haben bei den Herbstphasen gezeigt, dass Blattverfärbung und Blattfall zu späteren Eintrittsterminen tendieren, je nach Region 1–5 Tage, jedoch weniger ausgeprägt als im Frühjahr.

Die Länge der Vegetationsperiode lässt sich in Deutschland, wie bereits erwähnt, je nach untersuchter Laubbaumart etwa zur Hälfte mit den Monatsmitteltemperaturen von Februar bis April begründen.

Literatur

Anleitung für den phänologischen Beobachter des Deutschen Wetterdienstes, Deutscher Wetterdienst, Frankfurt am Main, 1991

Defila, Claudio; Geiger, Willy; Brügger, Robert; Vassella, Astrid: Pflanzen im Wandel der Jahreszeiten, Arbeitsgemeinschaft Geographica Bernensia, 2004

Michels, Bernhard: Abendrot Schönwetterbot', BLV, München, 2004

Schauer, Thomas, und Caspari, Claus: Der BLV Pflanzenführer für unterwegs, BLV, München, 2008

Seyfert, Franz: Phänologie – Die Neue Brehm-Bücherei, Westrap Wissenschaften, Hohenwarsleben, 1960

Seyfert, Franz: Anleitung zur Durchführung phänologischer Beobachtungen – Akademie-Verlag, Berlin, 1952

Internet

www.baumkunde.de

www.naturbegleiter.at

www.livingathome.de/pflanzen_gaertnern/phaenologischer-kalender

zacost.zamg.ac.at/phaeno_portal

www.meteoschweiz.admin.ch/web/de/klima/klima_schweiz/phaenologie.html

www.dwd.de/phaenologie

www.globe-swiss.ch/de/Themen/Phanologie

www.springalive.net

www.gaissmayer.de

Stichwortverzeichnis

Über den Autor

Der Autor ist verheiratet, hat vier Kinder und ist begeisterter Naturbeobachter und Hobbygärtner. Er beschäftigt sich seit 20 Jahren intensiv mit ganzheitlichen Natur- und Wetterbeobachtungen, erhebt und sammelt phänologische Daten, experimentiert mit phänologischer Gartenarbeit und erstellt Fotos zu exakten phänologischen Phasen.

Bibliografische Information der Deutschen Nationalbibliothek

Die Deutsche Nationalbibliothek verzeichnet diese Publikation in der Deutschen Nationalbibliografie; detaillierte bibliografische Daten sind im Internet über http://dnb.d-nb.de abrufbar.

BLV Buchverlag GmbH & Co. KG
80797 München

Bildnachweis
Alle Fotos von Bernhard Michels, außer:

Baumjohann: 80u, 86
Blickwinkel/H.P.Oetelshofen: 96l
Blickwinkel/McPHOTO: 85r, 88/89
GBA/Noun: 37u
Pforr: 9, 57
Redeleit: 22, 37o, 47l, 47r, 59, 71, 104l, 111o, 118r
Reinhard: 2/3, 41, 51, 67, 78, 80o, 100, 118l, 122
Scimat/NAS/OKAPIA: 28
Stangl: 39
Strauß: 61, 72, 98

Grafiken: Deutscher Wetterdienst (DWD)

Umschlagfotos:
Vorderseite: allOver/Blickwinkel
Rückseite: Reinhard

Lektorat: Dr. Friedrich Kögel, Wolfgang Funke
Herstellung: Angelika Tröger
DTP: Uhl + Massopust GmbH, Aalen

Gedruckt auf chlorfrei gebleichtem Papier

Printed in Germany
ISBN 978-3-8354-0630-8